新时代智库出版的领跑者

智库中社

国家智库报告 2024（23）
National Think Tank

经　济

农业大省向农业强省的转型战略研究
——以江西为例

杜志雄　芦千文　张宜红　等著

RESEARCH ON THE TRANSFORMATION STRATEGY FROM A MAJOR
AGRICULTURAL PROVINCE TO A STRONG AGRICULTURAL PROVINCE
—TAKING JIANGXI AS AN EXAMPLE

中国社会科学出版社

图书在版编目（CIP）数据

农业大省向农业强省的转型战略研究 ：以江西为例 ／
杜志雄等著. -- 北京 ：中国社会科学出版社，2024.
12. --（国家智库报告）. -- ISBN 978-7-5227-4496-4

Ⅰ．F327.56

中国国家版本馆 CIP 数据核字第 2024C2U761 号

出 版 人	赵剑英
责任编辑	黄 丹　曲 迪
责任校对	阎红蕾
责任印制	李寡寡

出　　版	中国社会科学出版社
社　　址	北京鼓楼西大街甲 158 号
邮　　编	100720
网　　址	http://www.csspw.cn
发 行 部	010-84083685
门 市 部	010-84029450
经　　销	新华书店及其他书店

印刷装订	北京君升印刷有限公司
版　　次	2024 年 12 月第 1 版
印　　次	2024 年 12 月第 1 次印刷

开　　本	787×1092　1/16
印　　张	15
插　　页	2
字　　数	136 千字
定　　价	79.00 元

前　言

习近平总书记考察江西省时明确提出，"要坚持农业农村优先发展，加快农业农村现代化建设步伐，牢牢守住粮食安全底线，推进农业产业化，推动农村一二三产业融合发展，全面推进乡村振兴。坚持产业兴农、质量兴农、绿色兴农，把农业建设成为大产业，加快建设农业强省"①。实现由传统农业大省向现代农业强省跨越是江西省全面推进乡村振兴的战略重心和主攻方向。科学谋划、系统设计建设农业强省的战略路径，有助于江西省实现农业农村现代化良好开局，发挥江西省在农业强国建设中的关键作用。中国社会科学院农村发展研究所与江西省社会科学院组成课题组，在深入调查分析的基础上，研究了江西省由传统

---

① 《习近平在江西考察时强调：解放思想开拓进取扬长补短固本兴新　奋力谱写中国式现代化江西篇章》，2023 年 10 月 13 日，中国政府网，https：//www.gov.cn/yaowen/liebiao/202310/content_ 6908910. htm？device = app。

农业大省转向现代农业强省的战略路径，认为江西省应树立大农业观、大食物观，发挥资源禀赋优势，聚焦粮油产业和食物资源开发，抢占贯彻落实"大食物观"全链条构建"土特产"发展机制的先机，建设粮食保障充分、食物供给多样、质量优势突出、产业精致高效、联农富民显著的综合型农业强省，提出了实现农业强省的发展定位、战略布局、重点任务、推进机制和关键措施。

一　江西建设农业强省的现实基础和困难挑战

农业强省是农业强国建设内容、共同特征和中国特色在省域层面的具体呈现，在农业强国空间布局中具有战略地位和关键作用，分为综合型、粮油产业、特色农业、要素支撑和产业融合5类。建设农业强省需要立足省域资源禀赋和发展基础，探索支撑农业强国的战略路径。江西省是农业强国的战略节点和空间支撑区域，具备生态环境、传统农业、食物资源、地理区位、农耕文明等多重优势，特别是粮油生产和"土特产"潜力巨大，应该成为凸显践行"大食物观"资源优势的综合型农业强省，但仍需破解在小农户基础上发展现代农业大产业的共性难题。

（一）发展基础

作为传统农业大省和粮食主产省，江西省为保障国家粮食安全作出了突出贡献，以占全国 2.13% 的耕地生产了约占全国 3.21% 的粮食，是从未间断输出粮食的 2 个省份之一。[①] 2023 年 10 月，习近平总书记在江西省考察时提出，"加快建设农业强省"。江西省超前部署推动农业强省建设，农业农村现代化已进入稳步推进期，为新阶段由传统农业大省向现代农业强省迈进奠定了基础。

一是稳步提升稳产保供能力。粮油产量稳步增长，"菜篮子"供应能力稳步提高，餐桌食品应急保供能力显著提升。目前，常年外调粮食 100 亿斤、水果 100 万吨、水产品 100 万吨、生猪 1000 万头以上。

二是壮大现代农业骨干力量。围绕小农户与现代农业发展有机衔接，构建现代农业经营体系。截至 2022 年，已培育农民合作社 7.92 万家、家庭农场 9.24 万个、农业社会化服务组织 2.9 万家、高素质农民 24.8 万人、农民大学生 7.2 万人。

三是提升优质产品供应能力。聚焦"质量兴农"，推进部省共建绿色有机农产品基地试点省。2022 年，

———

① 调研过程中，相关部门提供数据。文中未注明数据来源的均属于此种情况。

农产品质量安检合格率稳定在98%以上，累计创建国家农业绿色发展先行区5个、认证绿色有机地理标志农产品5039个、认定"赣鄱正品"品牌260个。

四是培育优势特色农业产业。聚焦"产业兴农"，构建全环节提升、全链条增值的现代乡村产业体系，培育了粮食、蔬菜、畜牧、水产、油料等千亿级产业，茶叶、中药材、油茶等百亿级产业。一批市县百亿级、十亿级优势产业链发展起来，带动供应链、价值链、创新链迅速提升。

（二）困难挑战

江西省建设农业强省存在不少短板，面临周边邻近省份的竞争压力。

一是资源环境压力持续趋紧。适宜开发的未利用耕地资源有10万亩左右，有超过800万亩"望天田"。畜禽养殖用地短期内无法解决，渔业发展空间不断压缩，食物开发与生态保护协调机制尚在探索。

二是创新驱动能力亟待提升。2022年，江西省农业科技进步贡献率为62.5%，与全国平均水平（62.4%）持平，但明显低于江苏（72.0%）、广东（71.3%）、安徽（66.0%）、浙江（66.0%）等省份。[①] 现代农业创新资源分散在不同部门，缺少战略科技力量，"土特

---

① 各省份数据根据官方公布数据整理得到。

产"科技创新滞后，关键品种依靠引进，未形成围绕产业链布局的创新链。

三是农业生产综合效益不高。现代生产方式普及面不高，经济作物和特色农业"无机可用""有机没法用"矛盾突出，农田里跑的大多是安徽、江苏等省外农机，制约了农业组织化、规模化、集约化发展，导致农业生产效率不高。2022 年，江西省第一产业劳均增加值为 6.1 万元，高于全国平均值（5.0 万元）22%，分别为广东省、江苏省、福建省、浙江省的82%、77%、59%、53%。①

四是产业链条短板瓶颈较多。"好产品卖不出去、卖不到好价钱"问题普遍。2022 年，江西省农产品加工业总产值为中部地区发达省份的一半左右②，南昌市深圳农产品交易市场省内农产品较少，水果出货量中省内水果仅占 5%，认证绿色食品数量居全国第 14 位。这与缺乏全产业链系统思维有关，其中，标准规范、精深加工、品牌培育、市场营销等关键环节缺乏整合联动。

五是体制机制掣肘亟待破除。各部门政策不衔接、不配套问题比较突出，不同产业发展相互冲突。如稻

---

① 根据《中国统计年鉴 2023 年》数据计算得到。

② 2022 年，江西省农产品加工业产值为 6168 亿元，湖北省规模以上农产品加工业产值超过 1.33 万亿元。

渔综合种养与完成早稻任务冲突；油茶造林属林业部门，产业发展由林业部门和农业部门交叉管理，资金项目属农业部门，产业政策难以落地；灌区骨干工程建设与高标准农田小型水利工程统筹协调不够，项目分头管理，对接不够精准。

二　江西建设农业强省的战略目标和推进思路

江西省要建成的农业强省不是体现在农业产业的体量规模上，而是要树立"大农业观"，以综合实力为基础，凸显农产品质量和多元食物供给的竞争优势，抢占贯彻落实"大食物观"全链条构建"土特产"发展机制的先机。

（一）战略目标

江西省要建设以南方山水林田湖草资源为基础，以粮食产业强为底色，以食物质量强为优势，以"土特产"结构多样化为特色，以绿色生态农业为主线，以加工、市场、品牌、农旅等凸显市场竞争优势的综合型农业强省，应着眼支撑农业强国和体现省域优势，通过发展现代化大农业，全区域、全链条统筹开发食物资源，打造全国粮食生产核心区和现代粮食产业集聚高地，构建多元化食物供给体系，凸显粮食保障充分、食物供给多样、质量优势突出、产业精致高效、联农富民显著等典型特征，为保障国家粮食安全贡献更多"江西粮"，为丰富城乡居民餐桌拿出更多"江西菜"。

建设农业强省要分阶段扎实稳步推进。江西省建设农业强省的时间表与国家建设农业强国的步调基本一致，但应适度超前。把薄弱环节、领域、区域按进度完成任务作为底线，在优势产业和关键领域率先取得突破。例如，适合发展现代化大农业的区域、竞争优势明显的"土特产"应瞄准先进地区，率先取得"强"的突破。

（二）空间布局

除了按照行政层级分解农业强省建设任务，还应该考虑主体功能、产业结构、产品生产区域等层面的空间协同布局。

主体功能层面，分为先行试验区，主要承担前瞻性探索任务，部署重大改革试验试点，闯出先行经验的区域，如承担国家改革试验试点任务的县区；模式示范区，推广富有江西特色的模式做法，起到示范展示农业强省特色优势的区域，主要通过典型培育形成；配套支撑区，为农业强省提供不可或缺的资源要素的区域，如乡村旅游对农产品销售的带动，种业、科技、装备等对农业产业的支撑。

产业结构层面，选准"强"的产业支撑，打造粮食产业强省、油料（油菜和油茶）产业强省、畜禽产业强省、设施蔬菜强省、水果产业强省、林业产业（竹产业、森林食品、森林康养）强省、内陆渔业强省、农旅产业强省等。

产品生产区域层面，科学确定"土特产"产品边界，合理界定核心产区、优势产区，严格划定边缘产区，避免行政部门的条块分割，探索以产业为单元的现代农业产业链和"土特产"全链条发展推进机制，闯出"土特产"强省建设路径。每个县因地制宜选准1个或2个优势特色产业，跳出单纯追求规模扩大、产品外销的惯性思维，做精、做细、做优特色产业，以产品质量和消费场景优势吸引中高端消费群体到产地消费。

（三）推进机制

要成立加快建设农业强省的领导机制、议事机制和考核督导机制，分区域、分产业、分领域、分环节成立跨部门、跨区域的农业强省协调推进机制。部署开展农业强市、农业强县、农业强镇的评选和建设工作。开展农业强省建设任务分解研究，尽快出台江西省加快建设农业强省规划。战略性部署现代服务业同先进制造业、现代农业深度融合推进工作，以现代服务业与现代农业融合发展为抓手，统筹新型城镇化和乡村全面振兴，构建以城带乡、以工补农的产业载体和通道，探索具有江西特色的内生型创新驱动农业强省建设之路。审慎稳妥深化农村改革，积极争取国家改革试点试验任务，推动实践探索和制度创新。按产业组建跨部门、跨区域的资源整合、协调推进机制，以及产业间的协同机制，形成现代农业产业链的推进合力。

（四）关键举措

聚焦解决"优质不优价"矛盾，从要素、生产、加工、质量、市场、流通、品牌、农旅等全链条着手，构建体现江西特色和优势的现代农业产业体系。

一是夯实粮食安全根基。全面排查耕地保护和监管的制度漏洞、工作流程短板，及时堵住漏洞、完善流程、强化责任。健全耕地数量、质量、生态"三位一体"的保护制度，加大高标准农田建设投入和管护力度，加快形成农田灌溉"一张图"，推进灌区下延、高标上接、地方统筹，实现农业水利项目建设和工程管护协同。构建精准高效农业防灾减灾救灾体系，密切农业、气象、应急、水利等部门沟通会商，建好用好区域性农机应急救援中心、服务队。

二是强化装备要素支撑。培育农业生产性服务战略性产业，建设现代农业科技创新平台，打造应用场景吸引省外科技成果和装备设施，促进科技创新力量在省内集聚。以产业链为载体建设创新链，探索产、学、研、用、推新机制。建立重大育种项目目标任务清单和考核评价制度，选育一批突破性新品种。扩大区域性农技推广组织建设规模。部署机械强农工作，争取纳入国家"一大一小"农机装备研发制造推广应用先导区。推动农业大数据建设，减少数据壁垒。

三是培育特色优势产业。精准务实分类培育乡村产业，优化粮油、蔬菜、畜禽及土特产品种结构和区域布局。粮油等大宗农产品着力补齐精深加工、综合利用短板，消化省内外原料，为当地创造更多产值、税收、就业机会等。县域土特产坚持加工与农旅融合发展，做到生产上适度规模、组织上适度竞争、产业上全链条推进，引导地产地消，把增值收益更多留给农民。发展现代食品加工产业集群，引导各地建设农产品加工园区，引进一批有全国影响力的龙头企业，培育一批全国有地位的土特产企业；加快制定赣菜预制菜全产业链标准体系。统筹非耕地资源扩大油茶种植规模，推进森林食品、森林康养产业，抢抓以竹代塑行动机遇，战略性布局竹产业。

四是健全绿色发展机制。总结评估、深入推进部省共建绿色有机农产品基地试点省建设。健全农业生产标准体系，建立生产操作规程和作业服务标准，构建绿色有机农产品品质核心指标体系。高标准建设优质农产品生产基地和重点市县，创建绿色食品原料标准化生产基地、有机农产品示范基地。健全大数据智慧监管评价，加强食品农产品承诺达标合格证管理。建设区域性农业全产业链综合服务平台，推进适度规模经营和专业化服务机制创新，推广标准化、规范化的绿色集约高效生产模式。建立由全程信息追溯、质量控制构成的质量证明体系，让消费者"扫码"即可了解产品信息。

五是建强市场流通体系。全面提升粮食仓储物流能力，推进城乡冷链物流骨干网和"互联网＋第四方物流"供销集配体系建设，持续推进"互联网＋"农产品出村进城。依托骨干物流网络和交通枢纽，配强仓储、加工、分销产业，建成有全国影响力的区域性农产品市场。注重带动本地农产品加工销售，提高"过路"市场中本省农产品销售占比，开拓中高端市场渠道和线上销售平台。

六是健全品牌培育机制。坚持品牌强农，推进"赣鄱正品"全域品牌创建，整合公共品牌、企业品牌和产品品牌，建立全程标准体系、质量鉴定体系、品牌运营体系、产品研发体系、授权管理体系、营销推广体系、产权保护体系、创业孵化体系、公关应急体系等，努力构建公共品牌、企业品牌和产品品牌相互支撑、相得益彰、协同发展的全省农业品牌培育体系。探索农业品牌产品鉴伪快速检测技术标准，推进现代农业、品牌培育和餐旅行业深度融合。

七是实施农旅强省战略。推进乡村休闲旅游业高质量发展，融合农文旅、游玩购、康养学，开发与农时季节相适应、消费节点相结合的乡村休闲旅游产品和服务，增加富有农耕农趣农味的农村文化产品供给，打造符合不同人群的消费场景，增强产地消费吸引力。

摘要：习近平总书记在江西考察时强调，"坚持产业兴农、质量兴农、绿色兴农，把农业建设成为大产业，加快建设农业强省"。2023 年中国社会科学院农村发展研究所承担了江西省人民政府、中国社会科学院战略合作重大课题，与江西省社会科学院合作，专题研究了江西省加快由农业大省转向农业强省的战略路径。研究认为，江西省作为典型的农业大省，是加快建设农业强国的重要战略结点和空间支撑区域。江西省要建设的农业强省是以粮食产业强为底色，食物质量强为优势，"土特产"结构多元化为特色，绿色生态为主线，水稻、油料、蔬菜、畜禽、水产、林业等产业为支撑，以加工、市场、品牌、农旅等凸显市场竞争优势的综合型农业强省。江西省要抢占贯彻落实"大食物观"全链条构建"土特产"发展机制的先机，立足发展现代化大农业，全区域、全链条统筹开发食物资源，建设辐射全国的区域性优质农副产品生产和供应基地，探索具有江西特色的内生型创新驱动农业强省建设之路。为此，课题组提出了江西省建设农业强省的战略目标、空间布局、推进机制和关键举措等方面的建议，并围绕科技赋能、现代农业经营体系、粮油产业、"土特产"、宜居宜业和美乡村等关键领域进行了专题研究，提出了针对性对策建议。

关键词：江西省；农业大省；农业强省；农业农村现代化

Abstract: With the goal of accelerating the construction of a strong agricultural province, Jiangxi Province must adhere to the principles of promoting agriculture through industry, quality, and green development, and turn agriculture into a major industry. The Institute of Rural Development of the Chinese Academy of Social Sciences has collaborated with the Jiangxi Academy of Social Sciences to conduct a special study on the strategic path of accelerating the transformation of Jiangxi Province from a major agricultural province to a strong agricultural province. Jiangxi Province, as a typical agricultural province, is an important strategic node and spatial support area for accelerating the construction of an agricultural powerhouse. The agricultural strong province that Jiangxi Province aims to build is a comprehensive agricultural strong province with a strong grain industry as its foundation, strong food quality as its advantage, diversified structure of "local specialties" as its characteristic, green ecology as its main line, and industries such as rice, oilseeds, vegetables, livestock and poultry, aquatic products, forestry as its support. It highlights its market competitive advantages through processing, market, branding, and agricultural tourism. Jiangxi Province should seize the opportunity to implement the "Big Food Concept" and build a development mechanism for "local specialties" throughout the entire chain. It should coordinate the development of food resources throughout the region and chain, establish a regional high-quality agricultural and sideline product production and supply base that radiates across the country, and explore the path of building a strong agricultural province driven by endogenous innovation with Jiangxi characteristics. The research group has put forward suggestions on the strategic goals, spatial layout, promotion mechanism, and key measures for building a strong agricultural province in Jiangxi Province. They have also conducted special research on key areas such as technology empowerment, modern agricultural management system, grain and oil industry, "local specialties", livable and business friendly, and beautiful rural areas, and put forward targeted countermeasures and suggestions.

Key Words: Jiangxi Province; Agricultural province; Strong agricultural province; Modernization of agriculture and rural areas

目　　录

总报告 江西加快由农业大省转向农业强省的战略路径[*]

　　农业强国是全面建成社会主义现代化强国的根基。加快建设农业强国是党中央着眼全面建成社会主义现代化强国作出的战略部署，明确了到21世纪中叶推进农业农村现代化的战略目标。在农业农村进入新发展阶段的背景下，加快建设农业强国为实施乡村振兴战略提出了新的更高要求，也面临前所未有的风险挑战，需要对推进农业农村现代化的战略部署和工作机制进行调整。尤其是省级层面要科学把握农业强国建设与省域农业农村发展的关系，科学谋划农业强国在省域层面的落地机制，结合省情农情明确农业农村的发展定位，凸显农业农村现代化省域特色，有效支撑农业

　　* 课题组成员：中国社会科学院杜志雄、芦千文、龚俊梅、王会颖、郭燕、李家家，江西省社会科学院张宜红、杨锦琦、向红玲、徐平平、高江涛。执笔人：杜志雄、芦千文。

强国顺利实现。作为典型的农业大省，江西省具有传统农业优势，是具有全国影响力的粮食和重要农产品产区、特色农业和食物资源集聚区，以及长三角、珠三角等人口和经济集中区域的优质产品供应基地，也是加快建设农业强国的重要战略节点和空间支撑区域。2023 年 10 月 10 日至 13 日，习近平总书记在江西省考察时强调，"坚持产业兴农、质量兴农、绿色兴农，把农业建设成为大产业，加快建设农业强省"。① 这为江西省加快建设农业强省指明了方向，也是江西省实现农业大省向农业强省跨越的战略机遇。因此，研究农业强国目标下农业强省的发展规律和实现路径，结合江西省情农情，研究提出江西省加快由农业大省向农业强省跨越式升级的战略路径，对江西省谋划部署加快建设农业强省、打造具有江西特色的农业农村现代化样板具有重要参考价值，对深化农业强国理论和规律认识、科学谋划农业强国建设路径也具有重要意义。

一 农业强省的概念内涵

建设农业强国，全国各地都要参与进来，构建起

---

① 《习近平在江西考察时强调：解放思想开拓进取扬长补短固本兴新　奋力谱写中国式现代化江西篇章》，2023 年 10 月 13 日，中国政府网，https：//www.gov.cn/yaowen/liebiao/202310/content_ 6908910.htm？device = app。

有效支撑农业强国的空间布局。省域在农业强国空间布局中起着关键性的战略支撑作用。各个省份必须瞄定农业强国目标，探索具有省域特色的支撑农业强国的战略路径。

（一）农业强省概念

农业强省是农业强国在省域层面的分解和具体化。从空间布局的视野审视，不一定每个省份都是农业强省，但需要各个省份基于资源禀赋差异有分工、有协作地支撑农业强国，而成为农业强省需要在农业强国建设中发挥关键的支撑引领作用。与农业强国不同，农业强省除了是省域之间的比较，还需要体现省域在多个或单个方面的突出优势，以及在共同支撑农业强国的省际分工协作中发挥的关键作用。因此，农业强省是农业强国战略在省域层面的空间布局，与省域全面实施乡村振兴战略、推进农业农村现代化相结合，由各省份立足省域资源禀赋和省情农情落实农业强国战略确定的战略谋划。

（二）农业强省特征

各省份资源禀赋、发展基础不同，在农业强国建设中承担的功能定位和发展导向也不同。有些省份在推进农业强国建设中具有重要的战略地位，推进农业强省建设的条件得天独厚；有些省份在推进农业强国建设中拥有特色资源，可以发挥特殊作用。但这并不意味着各省可以各行其是，而是需要明确农业强省的规律性特征，以农业强国为共同目标，协同推进农业农村现代化。农业强省特征是农业强国建设内容、共同特征和中国特色在省域层面的具体呈现，包括必须承担的底线任务、共同推进的基本任务和因地制宜的扬长补短、省际协同。总体来看，农业强省的现代农业产业产值具有体量优势，在农业强国空间布局中具有战略地位，食物生产和供给能力突出，现代农业产业高质量发展成效突出，农业现代化和农村现代化协同推进，并为农业农村现代化先行探路，作出示范。

（三）农业强省类型

引导发展基础和资源禀赋各异的省份，分别探索推进农业强省建设的道路模式，促进各展其长、优势互补、协同发力，可以使不同省份找准在加快建设农业强国中的独特方位和比较优势，作出独特贡献。可以把农业强省分为综合型农业强省、粮油产业强省、特色产业强省、要素支撑强省和产业融合强省5类。其中：综合型农业强省主要是指山水林田湖草沙海要素相对齐全，农业资源总量可观、农业综合实力较强，粮油供给和多元食物供给具有综合优势的省份；粮油产业强省主要是指耕地资源丰富，粮油尤其是粮食产量规模较大，在全国粮油供应中具有重要作用的省份；特色产业强省主要是指在多个或某一特色农业产业特别是农产品生产供应领域具有重要作用的省份；要素支撑强省主要是指在科技、装备、人才、服务、市场、品牌等农业产业发展的关键要素领域具有重要支撑引领作用的省份；产业融合强省是指依托农业农村特色资源，开发农业多种功能、挖掘乡村多元价值，推动农村第一、第二、第三产业融合，形成乡村产业全链条升级发展新格局的省份。

二　江西省现代农业资源禀赋

江西省地处长江中下游南岸，总面积 16.69 万平方千米，常住人口 4527.98 万人，其中乡村常住人口 1717.46 万人，城镇化率为 62.07%。江西省农业资源禀赋绝佳，以山水林田湖河要素为主，生物资源丰富，地理气候适宜，耕地产能较高，农产品质量较高，"土特产"潜力巨大，传统农业优势突出，素有"鱼米之乡"的美誉，具备成为农业强省的资源基础。

（一）土地资源

江西省地形地貌以江南丘陵、山地为主，山地占

36%，丘陵占 42%，平原占 12%，水域占 10%，东、西、南三面环山地，中部丘陵和河谷平原交错分布，北部为平原。北部平原由长江和省内五大河流泥沙沉积而成，面积近 2 万平方千米，地表主要覆盖红土及河流冲积物，土壤肥沃、地力较好。湖泊星罗棋布，湖滨地区广泛发育湖田洲地，水网稠密。赣中南以丘陵为主，丘陵的中间夹有盆地，多沿河作带状延伸，如吉泰盆地、赣州盆地。山地大多分布于省境边缘，是与邻省的界山和分水岭。全省耕地面积 4082.43 万亩（1 亩 ≈ 666.67 平方米），永久基本农田面积 3545.46 万亩，有效灌溉面积 3250 万亩，耕地集中分布在北部平原，零散分布在盆地、河谷和湖滨；可利用的荒山、荒坡、荒地、荒滩、荒水等资源 530 万亩。江西省植被土壤以红壤和黄壤为主，其中红壤分布最广，约占江西省总面积的 56%；黄壤约占江西省总面积的 10%，主要分布于中山山地，自然肥力较高，适宜用材林和经济林生长；耕作土壤以水稻土为主，面积约 3000 万亩。

（二）气候条件

江西省属亚热带温暖湿润季风气候，四季分明，日照充足，雨量充沛，无霜期长，适宜双季稻为主的三熟制及喜温的亚热带经济作物、经济林木，以及畜禽养殖和特色农产品，适宜发展农林牧副渔各产业。江西省年平均气温为 18℃，日均气温稳定超过 10℃ 的持续期为 240—270 天，年无霜期平均天数 272 天，活动积温 5000—6000℃；年平均日照时数 1637 小时，年总辐射量 4446.4 兆焦每平方米；年均降水量 1675 毫米，地区分布上是南多北少，东多西少，山地多盆地少，季节分配不均，4—6 月降水集中，占全年的 42%—53%。但天气复杂多变，冬季冷空气活动频繁，春季多对流天气，降水年际变化也很大，夏秋季节容易旱涝交替、灾害频繁发生。

（三）水利基础

江西省地势南高北低，水系发达、河网密布、湖泊星罗棋布，构成了流域面积 16.22 万平方千米、水面 2500 万亩的以鄱阳湖为中心的向心水系，多年平均水资源量 1565 亿立方米，为发展现代农业提供了水资源支撑。江西省 97.7% 的面积属于长江流域，有河流 2400 多条、2 平方千米以上湖泊 70 余个。江西省地表径流赣东大于赣西、山区大于平原，除边缘部分分属珠江、湘江流域及直接注入长江外，其余部分均发源于省内，汇聚成赣江、抚河、信江、饶河、修河 5 大河系，注入鄱阳湖、汇入长江，多年平均径流总量 1385 亿立方米，径流总量居全国第 7 位。全国最大的淡水湖——鄱阳湖水系，是天然水产资源宝库，有利于灌溉、养殖，发挥农业生态功能。

（四）生物资源

江西省地形、地貌、气候多样，蕴藏了丰富的生物资源，为发展"土特产"提供了资源基础。江西省已知高等植物6337种、大型真菌500余种（可食用的有100多种），植物系统演化中各个阶段代表植物均有分布，有不少原始性状的古老植物，其中中国特有的珍稀、濒危树种有110种[①]。江西省植被以常绿阔叶林为主，森林面积1.55亿亩、覆盖率63.35%，活立木蓄积量7.10亿立方米，活立竹总株数26.86亿株，居全国前列。杉木、马尾松、樟树为主要树种，油茶、板栗、脐橙、柑橘为主要经济林树种。动物资源同样丰富，已知野生脊椎动物1007种，畜禽、水产养殖种类丰富，地域特色品种多种多样。鄱阳湖是闻名世界的水鸟越冬地，每年到鄱阳湖越冬的候鸟有60万—70万只，其中国家Ⅰ级、Ⅱ级保护鸟类分别为25种、88

---

① 其中60余种属中国亚热带特有，16种属中国江西省特有。这些品种约占江西珍稀树种的73.3%。江西省内尚有不少古木大树。如庐山晋植"三宝树"、东林寺"六朝松"以及树龄逾千年的"植物三元老"之一的古银杏保留10余处；在婺源县篁岭有80多株红豆杉，是世界上公认的濒临灭绝的天然珍稀抗癌植物。江西省保留下来的古木大树有近40种，分属13科29属，分布点95处。

种，越冬白鹤最高数量为 4000 余只，约占全球的 98%。鄱阳湖长江江豚约有 450 头，占整个长江江豚种群的近 1/2。

（五）旅游资源

江西省山水林田湖的资源禀赋，造就了独特的生态优势，被誉为中国"最绿"的省份，加上江西省还是"红色摇篮"，红色文化富集，蕴藏了丰富的旅游资源，具有农文旅融合发展的资源优势。江西省现有世界遗产地 5 处[①]，世界地质公园 3 处，国际重要湿地 2 处，国家公园 1 处，国家级风景名胜区 18 处，自然保护区 190 处，森林公园 182 处，湿地公园 109 处，省重要湿地名录 44 处，旅游景区（点）2500 余处，其中国家 AAAAA 级景区 14 处、AAAA 级景区 213 处，已打造的五彩精华旅游线、红色经典旅游线、绿色精粹旅游线、鄱阳湖体原生态旅游线 4 条黄金旅游线路受到国内外游客的青睐（见表 1-1）。

表 1-1　　　　　　　　　江西省主要旅游景区

类型	内容
四大名山	庐山、井冈山、三清山、龙虎山

---

① 世界文化与自然双遗产地 1 处、世界自然遗产地 3 处、世界文化遗产地 1 处。

续表

类型	内容
四大摇篮	中国革命的摇篮井冈山、人民军队的摇篮南昌、共和国的摇篮瑞金和工人运动的摇篮安源
四个千年	千年瓷都景德镇、千年名楼滕王阁、千年书院白鹿洞、千年古刹东林寺
六个一	一湖（鄱阳湖）、一村（婺源）、一海（庐山西海）、一峰（龟峰）、一道（小平小道）、一城（共青城）

资料来源：笔者自制。

（六）区位优势

江西省连通东西、承接南北、通江达海，有着"四面逢源"的区位优势，是多个国家重大战略叠加区域，决定了江西省是农业强国的空间战略节点。江西省既可以享受到中部地区农业发展的政策优惠，又可以享受到与长三角区域、泛珠三角区域农业合作带来的利益。江西省为长三角、珠三角和闽南金三角的腹地，是粮食供给的重要物流节点。这使江西省农业在全国具有得天独厚的区位优势和非常重要的战略地位，是东南沿海地区重要的农产品供应地。江西省常年外调粮食100亿斤、水果100万吨、水产品100万吨、生猪1000万头以上。

（七）农业资源结构

综上所述，江西省的资源禀赋就是现代农业发展的资源优势，使江西省具备打造成区域性优质农副产

品生产和供应基地的资源基础。江西省农产品资源丰
富，不仅是全国水稻重要产区，也是柑橘、蔬菜、生
猪、水产等优势产区，地域性特色产品质优样多，江
西绿茶、赣南脐橙、南丰蜜橘、广昌白莲、泰和乌鸡、
鄱阳湖大闸蟹等久负盛名（见表1-2）。江西省历代
进贡皇家的农产品共40多种，如广昌白莲、南丰蜜
橘、泰和乌鸡、万年贡米等。现代农业发展的资源基
础集中在粮油产业、畜禽养殖、水果产业、淡水渔业、
经济林木以及区域性"土特产"等，产业门类齐全，
初步形成了大米、生猪、家禽、肉牛、油菜、蔬菜、
水果、水产、茶叶、中药材10大主导产业。可以说，
江西省既具有贯彻落实"大食物观"，多途径开发食
物来源，拓宽农业生产空间领域的综合资源优势；也
具有依托农业农村特色资源，开发农业多种功能、挖
掘乡村多元价值，发展生态旅游、民俗文化、休闲观
光，做强"土特产"，向第一、第二、第三产业融合
发展要效益的资源潜力。

表1-2　　　　　　　　　　　江西省农业资源结构

产业领域	主要内容及区域范围
粮食作物	以水稻为主的重要粮食产区，粮食播种面积占60%—70%，水稻播种面积占85%—90%、产量占95%，形成了鄱阳湖平原、赣抚平原、吉泰盆地粮食主产区和赣西粮食高产片"三区一片"水稻生产基地。小麦分布在赣北，甘薯以赣中、赣南居多，大豆集中在鄱阳湖东岸、南岸及吉泰盆地

产业领域	主要内容及区域范围
油料作物	油菜籽、花生、芝麻约占经济作物播种面积的70%，其中：油菜籽约占40%；油茶面积约为1560万亩，略少于湖南省
蔬菜产业	蔬菜大省，有城郊蔬菜产区、供港蔬菜产区、供沿海及"一带一路"蔬菜产区、特色蔬菜产区、水生蔬菜产区、富硒蔬菜产区和蔬菜精深加工区等
经济作物	南方产蔗区，苎麻是传统的经济作物，黄红麻以余江、金溪为主要产地；烤烟分布于赣南
林木资源	赣东北、赣西北、赣中南三大茶叶生产基地。以柑橘为主多种特色水果共同发展的果业生产优势区，柑橘集中于新干、清江、抚河流域和赣南，赣州市脐橙种植面积世界第一、产量全国最大。全国重要的木材、毛竹产地，山地丘陵广泛分布油茶、油桐、乌桕等经济林木
家畜水禽	以生猪、鸡鸭、水禽为主，赣江、抚河流域及鄱阳湖区为养猪集中区域；牛羊分布于丘陵山区。泰和乌鸡等地方特色品种闻名全国。水禽主要有肉用大余鸭、宜春麻鸭及玉山大白鹅等，形成了赣江沿线、环鄱阳湖水禽生产基地
淡水渔业	可供养殖水面400万亩，养殖品种以四大家鱼为主，名贵鱼类有鳜鱼、荷包鲤、红鲤等，形成了环鄱阳湖渔业生产基地

资料来源：笔者自制。

三　江西省农业强省建设基础

江西省以农业大省的责任和担当，推动农业农村改革与发展，为保障国家粮食安全、推动中国特色农业农村现代化作出了突出贡献。党的十八大以来，江西省聚焦农业农村现代化总目标，坚持农业农村优先发展，实施脱贫攻坚战略、乡村振兴战略，增强粮食安全保障能力，统筹推进乡村产业、人才、文化、生态、组织振兴，圆满完成了脱贫攻坚和全面小康建设任务，推动农业农村现代化进入稳步推进期。党的二十大以来，按照党中央加快建设农业强国、推进农业农村现代化的战略部署，积极谋划全面推进乡村振兴工作，推动农业农村呈现高质量发展的良好态势。值得注意的是，江西省在全国较早谋划推进农业强省建设。① 2023 年 10 月，习近平总书记视察江西省时提出"坚持产业兴农、质量兴农、绿色兴农，把农业建设成为大产业，加快建设农业强省"②。围绕贯彻落实习近平总书记要求，江西省超前谋划、部署推动农业强省建设，为新阶段确保江西省由农业大省向农业强省迈进实现良好开局奠定了坚实基础。

（一）夯实粮食安全根基，稳步提升稳产保供能力

江西省把保障粮食安全作为"三农"工作的优先和底线任务，以农业供给侧结构性改革为抓手，优化粮食和重要农产品供给结构，加强粮食生产功能区、重要农产品生产保护区和特色农产品优势区建设，确保了粮食和重要农产品生产能力稳步提升。

---

① 21 世纪初，就开始研究制定农业大省向农业强省迈进的战略规划。

② 《习近平在江西考察时强调：解放思想开拓进取扬长补短固本兴新　奋力谱写中国式现代化江西篇章》，2023 年 10 月 13 日，中国政府网，https：//www. gov. cn/yaowen/liebiao/202310/content_ 6908910. htm？device＝app。

　　一是确保粮食产量产能同步提升。省委、省政府把保障粮食安全作为重要政治任务，严格落实粮食安全责任制考核，强化稳定粮食生产目标任务的硬约束，将粮食生产任务层层分解，落实到田头地块，推进稳面积、稳产量、优结构、攻单产、提产能。健全收益保障和利益补偿机制，加大地力保护补贴、稻谷补贴和财政转移支付力度①。落实最严格的耕地保护制度，加强耕地保护和建设，抓好耕地撂荒排查整治整改，开展旱地高标准农田、绿色高标准农田建设试点和整县整乡推进高标准农田试点，健全高标准农田建后管护机制，推进高标准农田建设与灌区改造有效衔接，累计建成高标准农田 2914.11 万亩，占耕地面积的71.6%。实施早稻扩种、晚稻增施穗粒肥和秋杂粮扩种等行动，推广一季稻 + 油菜、双季稻、再生稻、早稻 + 旱粮等多元化的种植模式。自 2020 年以来，江西省稻谷播种面积稳定在 5100 万亩以上，双季稻播种面积稳定在 3700 万亩以上。如表 1 - 3 所示，2022 年，粮食播种面积 5664.6 万亩、产量 430.4 亿斤，总产量连续 10 年（2013—2022 年）稳定在 430 亿斤以上。2000—2022 年，江西省稻谷产量从全国排名第 5 位上

---

　　① 地方政府积极筹措资金支持粮食生产，如浮梁县对早稻（双季稻）、再生稻种植按 200 元/亩、100 元/亩进行补助。乐平市部分乡（镇）对完成全年粮食生产任务的村或大户进行奖励。如众埠镇拿出 100 万元对完成粮食生产任务的村分别进行 1 万元、1.5 万元、2 万元奖励；农科园对早稻种植生产者奖补 50 元/亩，王家村另外奖补 40 元/亩。

升到第 3 位。2023 年，早稻和夏粮实现增产，早稻播种面积 1803.2 万亩、总产量 136.9 亿斤，增量占全国的 35.0%、位居全国第二；夏粮面积 117.5 万亩、总产量 5.0 亿斤，较上年分别增长 7.7%、7.6%。①

表 1-3　　　　　　2012—2022 年江西省粮食生产情况

年份	粮食播种面积（万亩）	粮食产量（亿斤）	稻谷面积占全省粮食面积的比例（%）	双季稻面积占全省稻谷面积的比例（%）	稻谷播种面积在全国排名	稻谷产量在全国排名
2012	5621.7	428.1	92.76	83.36	3	3
2013	5663.0	436.5	92.76	82.01	3	3
2014	5691.2	444.1	92.84	80.71	3	3
2015	5722.4	447.1	92.83	79.15	3	3
2016	5710.8	446.9	92.64	76.04	3	3
2017	5679.5	444.3	92.56	75.50	3	3
2018	5582.0	438.1	92.34	73.53	3	3
2019	5497.7	431.5	91.30	68.88	3	3
2020	5658.6	432.8	91.24	72.52	3	3
2021	5659.2	438.5	90.63	72.51	3	3
2022	5664.6	430.4	90.11	72.49	—	—

资料来源：根据国家统计局和江西省统计局网站公开数据计算得到。

案例 1：落实最严格耕地保护制度

江西省委、省政府高度重视耕地保护工作，

---

① 因种植结构调整，早稻播种面积减少 27 万亩，较上年下降 1.5%，而单产 379.6 公斤/亩，增长 2.6%。参见《数据解读：前三季度全省农业数据 农业经济运行稳中向好》，2023 年 10 月 20 日，江西省人民政府网，http://www.jiangxi.gov.cn/art/2023/10/20/art_ 5472_ 4636123.html? xxgkhide=1。

先后实施了一系列硬措施，严守耕地红线，防止制耕地"非农化"、遏耕地"非粮化"。坚持底线思维，"三区三线"划定耕地保护目标任务4004.59万亩、永久基本农田3545.46万亩。严格落实耕地保护党政同责，层层签订耕地保护目标责任书，作为刚性指标实行严格考核、一票否决、终身追责。严控建设占用耕地，严格突出问题整改，严格节约集约用地制度。2022年，全省耕地面积较2021年净增加2.28万亩，扭转了自2019年以来耕地数量逐年负增长的趋势。

案例2：发挥水利支撑稳产增产作用

水利是农业的命脉。江西省已形成了由蓄、引、提、灌、排等综合设施组成的农田水利工程体系，在保证农田灌溉用水、提高农田有效灌溉面积方面起到重要作用。以大中型灌区建设为重点，推进灌区续建配套与现代化改造，完善农田水利基础设施，推进万座山塘加固整治，新增、恢复灌溉面积107.34万亩，改善灌溉面积257.68万亩，农田灌溉水有效利用系数提高到0.53。以农业水价综合改革为契机，重构农田水利工程运行管护体系，以地方政府为责任主体、相关职能部门为监管主体、灌区管理机构为运行主体、物业化公司为维护主体的田间工程实行"村级组织＋新型农业经营主体"的自治管理模式。目前，江西省有效灌溉面积3249.32万亩，其中大中型灌区314座、有效灌溉面积1197.32万亩，小型灌区1万座、微型灌区20余万座，有效灌溉面积2052万亩。

案例3：宜春市全方位夯实粮食安全根基

宜春市粮食产量连续多年居全省首位。其一，强化部署推动。市委、市政府连续多年下发关于粮食生产指导意见，主要领导经常研究部署、专题调研督导，坚决扛起粮食安全政治责任，千方百计保面积、保产量。其二，强化督导服务。市农业农村局建立11个县级干部挂点包县服务机制，长期驻县督促落实粮食生产面积。将粮食生产纳入政府落实粮食安全责任制考核、综合考核、乡村振兴实绩考核等。其三，强化科技支撑。选择重点县开展吨粮田创建工作，集成推广"三控"、早稻早播、优质晚稻早种、绿色防控等技术，推进良田、良种、良法、良机、良制集成组装的综合性解决方案，打造标准化生产基地，形成水稻绿色高质高效"宜春模式"。其四，强化政策支持。各产粮大县安排不少于20%的产粮奖励资金用于粮食生产，2022年落实惠农补贴16.2亿元，惠及100余万农户。

二是扩大油料作物生产供应。近年来，江西省认真贯彻落实《关于提升油菜油茶等油料产能保障食用植物油有效供给的实施方案》（赣办发电〔2022〕88号）关于油菜、大豆等油料作物扩种提产的要求，多措并举促进油料作物扩种，挖掘油料作物生产潜力，取得较好成效。如表1-4所示，2021年江西省油料作物播种面积1070.10万亩，产量130.90万吨，较2012年增长11.8%。其中，油菜收获面积为756.8万亩，较2020年增长6.1%，逆转了油菜种植面积连续下滑的态势。2022年，夏收油菜786.9万亩，种植面积居全国第4位，油菜籽总产量78.8万吨，比2021年增长7.4%，油菜籽总产量居全国第8位，单产突破100公斤，多地单产可达200公斤以上；油菜秋播面积突破886.9万亩，优质品种种植比重达94.4%；大豆种植面积达到163.8万亩，比2021年显著提升。抚州市采用抓粮食生产的措施抓油菜生产，扩种油菜25.6万亩，种植面积达57.13万亩，冬闲田利用面积达184万亩。花生和芝麻也是江西省重要的油料作物，2021年，江西省花生种植面积265.8万亩，产量53.6万吨；芝麻种植面积47.3万亩，产量3.9万吨。

表 1 - 4　　　　　2012—2022 年江西省油料作物生产情况

年份	油料作物播种面积（万亩）	油料作物产量（万吨）	油菜籽播种面积占油料作物比例（%）	油菜籽单产（公斤/亩）	油料作物播种面积在全国排名	油料作物产量在全国排名
2012	1116.30	117.10	74.16	83.10	8	9
2013	1114.70	119.20	73.75	85.60	8	9
2014	1112.30	121.70	73.89	88.00	8	9
2015	1109.90	124.00	73.66	90.40	8	9
2016	1023.60	115.30	72.52	89.60	7	9
2017	1014.50	117.30	71.91	92.20	7	10
2018	1020.20	120.80	71.02	95.40	7	9
2019	1015.70	120.80	71.23	95.20	7	8
2020	1017.60	122.70	70.08	95.10	6	8
2021	1070.10	130.90	70.72	97.00	6	8
2022	1106.30	137.50	71.13	100.50	4	8

资料来源：根据国家统计局和江西省统计局网站公开数据计算得到。

　　三是提高"菜篮子"供应能力。推动"设施蔬菜上山"，新建和改造提升蔬菜种植设施①，发展错季菜，统一种苗选配、技术标准、产品销售等，提高设施蔬菜种植效益。截至 2022 年年底，累计建成设施蔬菜基地 150 万亩。2023 年前 3 季度，蔬菜及食用菌产量 1293.5 万吨，同比增长 3.8%。畜禽生产稳中有进，产量创历史新高。实施生猪复产增养行动，建立基本产能保护制度，认定 901 家国家级、省级产能调控基

① 开发推广顶部竖式放风双膜连栋大棚，成本降至约 100 元/平方米。鼓励农户选择国有资产或村集体资产租赁大棚的生产经营方式。

地，2022 年生猪存栏 1730.1 万头、能繁母猪存栏 170
万头、生猪出栏 3064.6 万头，比 2019 年分别增长
71.9%、77.8%、20.3%。① 相继发布"牛羊十条"
"家禽八条"高质量发展意见，加快畜牧业结构调整，
推动牛、羊、肉鸡、水禽、蛋鸡等产量稳步增长。
2022 年，全省肉类产量达到 360 万吨、同比增长
4.7%，禽蛋产量 68.4 万吨、同比增长 9.2%，较
2012 年增长 16.1%，为保障畜产品市场有效供给，满
足居民"菜篮子"多元化需求作出了重要贡献。

四是渔业生产总量保持平稳。开展大水面生态渔
业容量评估，划定禁养区、限养区、可养区，建立基
本养殖池塘数据库，推进百万亩绿色标准化池塘改造，
开展健康养殖和生态养殖示范创建，发展稻渔综合种
养、陆基渔业和设施渔业，全产业链推进渔业产业高
质量发展。2022 年，江西省水产养殖面积稳定在 600
万亩左右，水产品产量为 283.2 万吨，渔业经济总产
值为 1229 亿元②，成为江西省第 4 个农业千亿元产业。

五是提高粮食应急保供能力。强化粮食等重要农
产品存储调控，建设政策性粮食交易平台，提升仓储

---

① 抚州市出台"猪十条"政策，落实财政补助资金 2100 万元。市
属农业平台公司投入 1 亿元，与养殖企业合作，增养能繁母猪 1 万头，
带动县（区）增养能繁母猪 5 万头。

② 其中，一产产值 600.2 亿元、二产产值 363.9 亿元、三产产值
264.8 亿元。

设施，完善市县两级储备粮油管理机制。加强重大灾害防范应对能力建设，构建农业防灾减灾体系，统筹做好防汛抗旱工作。健全乡村气象灾害预警和响应机制，强化水情旱情监测预警，增强极端天气及自然灾害应对能力。组建 93 个挂点包县工作组，落实防旱抗旱工作举措。健全农作物救灾备荒种子储备制度，建设区域性农机应急救援中心和农机应急救援服务队，加强农机、水泵等应急物资储备。协调应急部门、水利部门等建立紧急调用救灾物资机制。加快修复受损农业、水利基础设施，加强沟渠疏浚、水库、泵站建设及管护、山洪和泥石流灾害防治。加强基层动植物疫病防控体系建设，提升非洲猪瘟、草地贪夜蛾、柑橘黄龙病等动植物重大疫病防控能力。

案例 4：南昌国家粮食交易中心

南昌国家粮食交易中心是国家粮食和物资储备局授牌组建的 30 个省级交易中心之一，承担国家政策性粮食交易业务，组织实施地方政策性粮食（储备粮）交易、资金结算管理、出入库纠纷协调、省内交易体系建设、搭建区域性产销合作平台等工作。该交易中心搭建了政策性粮食交易平台体系，形成粮食储备轮换"一张网"交易，2021—2023 年成交各类粮油达 1420.63 万吨。发挥地市服务网点在地优势，组建了省级稻谷、玉米、油脂分析师团队，及时发布市场信息，建立了江西省粮食数据资源管理中心和江西省粮食监控中心，不断丰富粮食产销合作业态，擦亮江西籼稻"特色名片"。自2014年以来，相继与浙江、广东、福建、湖南、湖北、安徽、贵州、广西等地的粮食交易中心对接并建立粮食产销战略联盟，每年召开"早籼稻产销对接暨网上交易大会"。2021年，联合九省（区）国家粮食交易中心共同主办了"中国粮食交易大会——籼稻专场交易会"。2022年云南省也加入，并于2023年7月25日举办了中国粮食交易大会第三届十省籼稻专场交易会。

（二）创新经营服务机制，壮大现代农业引领力量

围绕促进小农户与现代农业发展有机衔接，全环节构建现代农业经营体系，培育现代农业骨干引领力量，创新现代农业经营方式，发展多种形式适度规模经营，推动家庭农场、农民合作社、龙头企业、农业社会化服务组织等蓬勃发展，形成示范带动小农户发展现代农业的协同合力和机制途径。

一是支持小农户发展壮大。鼓励小农户以土地、林权、资金、劳动、技术、产品等为纽带，开展多种

形式的合作与联合，实现小农户与新型农业经营主体的融合发展。聚焦服务小农户，推进以农业生产托管为主的农业社会化服务，采取"农资＋服务""科技＋服务""互联网＋服务"等多种方式，创新水稻和重要农产品生产关键环节服务机制，不断提升农业生产托管对小农户服务的覆盖率，将小农户嵌入现代农业产业链条，助力小农户与现代农业发展有机衔接。

二是培育新型农业经营主体。推动新型农业经营主体梯次发展，加强新型农业经营主体规范建设。支持家庭农场组建农民合作社，推动农民合作社质量提升，开展动态监测，促进新型农业经营主体发展质量的持续提升。引导龙头企业发挥"链主"和引领作用，推广"龙头企业＋合作社＋家庭农场"经营模式，鼓励龙头企业与农户建立紧密型利益联结机制。到 2022 年，累计培育农民合作社 7.92 万家、家庭农场 9.24 万个、高素质农民 24.8 万人。

三是推动社会化服务加快发展。以供销合作社为重要支撑，建立覆盖县域、延伸镇（乡）村的冷链物流骨干网络，发展"互联网＋第四方物流"服务体系。实施农业社会化服务促进行动，支持发展集中育秧、机插（抛）、统防统治、秸秆处理、烘干仓储等关键薄弱环节服务业务。推动农业社会化服务机制创新，鼓励服务组织组建服务联合体、服务联盟，建设水稻全程社会化服务农事服务中心，开展水稻生产全程托管创新试点，依托"公司＋合作社＋农户"开展以水稻为主的全程机械化服务。目前，江西省已培育发展的服务组织达2.9万家。例如，泰和县嘉农惠农机专业合作社创新推出了"九服务一担保"①服务模式，围绕水稻全产业链提供保姆式专业化服务，服务范围覆盖泰和县及周边9个县40多个乡镇3200余户农民，年均服务面积6万多亩、服务收入400多万元。

案例5：绿能农业发展公司

江西省绿能农业发展公司主要从事水稻全产业链经营和服务业务，通过合作社、家庭农场、农户多方利益联结，构建了流转端规模化、生产端优质化、服务端社会化、加工端品牌化、销售端市场化的稻米全产业链发展模式。目前，流转种植面积5.1万亩，托管服务26.7万亩，年产值达2.5亿元。公司以流转、入股、就业等形式与1.38万户农户形成利益联结，土地租金500元/亩、工资4万—6万元/年。公司牵头成立土地流转合作社、农机服务合作社、生产资料合作社、统防

---

① "九服务一担保"指育秧服务、机耕服务、机插服务、机防服务、农技服务、机收服务、烘干服务、储藏服务、市场服务和农民贷款担保。

统治合作社等，为农户提供水稻生产全程保姆式服务。公司拓展加工、销售等产后环节，注册"绿能大米""凌继河大米"品牌，带动公司销售的大米价格平均高出市场 10%。公司以高于市场价格 0.15 元/斤签订订单合同，收购农户优质稻谷，2019 年订单面积 15.8 万亩、2022 年订单面积 5.64 万亩。

四是完善产业化经营机制。发展农业产业化联合体，推广"龙头企业 + 合作社 + 家庭农场或农户"模式，实行产加销一体化经营，带动小农户提升农业经营效益。通过保底分红、股份合作、吸纳就业等多种形式密切利益联结，让农户分享产业化经营收益。泰和县引导江西汪陂途禽业有限公司牵头打造了"星创空间"，入驻企业 16 家，带动 80 户贫困户从事泰和乌鸡养殖，户均年增收 8500 多元，带动 860 户贫困户 2500 多贫困人口在产业链就业。2023 年 5 月，江西省人民政府办公厅出台《关于加快推进农业产业化高质量发展的实施意见》，明确聚焦联农带农益农，培育一批农业产业化联合体。

案例 6：泰和县嘉泰农业产业化联合体

泰和县嘉泰农业产业化联合体以江西嘉泰精

制米业有限公司、嘉泰稻业专业合作社、昌峰源稻业专业合作社、嘉农惠农机专业合作社、江西稻花香种业有限公司、泰和县农业科技有限公司、塘洲镇塘洲村家庭农场等新型农业经营主体为初始成员单位，按照"企业兜底、群众自愿、土地入股、集约经营、收益分红、利益保障"的原则，在管理上密切合作，在资金上相互帮助，在技术上相互交流，形成完整稳定的粮食产业链。

（三）推广现代生产方式，提高产品质量安全水平

聚焦"质量兴农"要求，以补齐科技装备短板为抓手，以良种化、机械化、数字化、绿色化为方向，推广集约绿色规范高效的农业生产技术，推动农业生产标准化、规范化，健全农产品质量安全体系，持续提升农产品质量水平。

一是增强现代种业支撑水平。实施现代种业提升工程，建立优良种质培育体系，建设良种繁育基地，加快选育新品种。加强与省内外科研院所合作，打造地方优势品种科研平台，扶持育繁一体化种子企业，支持科研院所与育种企业开展联合攻关。目前，已累计审定主要农作物品种721个、引进培育新品种3612个，建设国家级制种大县4个，培育国内首个携有"丛枝菌根"高效共生基因的水稻品种、江西省首个

种猪新品种（山下长黑猪），"中芯一号"打破欧美种猪育种技术壁垒①，主要畜禽养殖品种供应实现基本自给，主要农作物良种覆盖率达到96%，种业企业年生产销售杂交水稻、辣椒、豇豆种子分别占全国的20%、12%、60%。

二是加快推进农业科技创新。基本建成了以政府为主导，涉农高校、科研院所、涉农企业为主体，地方推广机构、新型农业经营主体共同参与的农业科技创新体系总体架构。在良种繁育、品质提升、精深加工技术等领域加大投入力度，开展科技攻关。农业科研机构R&D课题经费由2018年的2.1亿元增加到2022年的4.2亿元。目前，建成省级现代农业产业技术体系24个，组建了食品产业、生猪产业、现代作物种业、现代家禽种业和油茶产业5个科技创新联合体，新增省部级农业科研平台67个，研发新技术新工艺112项、新产品新装备60个。2022年，江西省农业科技进步贡献率达到62.5%。

三是健全农业技术（以下简称农技）推广体系。基本建成了符合江西特点、运转规范高效的农技推广

---

① "中芯一号"育种芯片以江西农业大学黄路生院士团队的研究成果为基础，集成了南京农业大学、中国农业大学、北京畜牧兽医研究所、华中农业大学等国内12所猪基因组研究领域高校及科研院所最新成果，用于家猪基因组育种研究，已在全国24个生猪主产省份推广应用，累计推广31万头。

体系。整合相关机构①组建省农技推广中心。市县两级
将专业站合并为综合性农技推广中心，部分市县围绕
特色产业组建了技术服务中心（站）。各县（市、区）
将乡镇农技推广和乡村治理与公共服务机构合并。开
展区域性农技推广组织建设试点。采取"定向招生、
定向培养、定向就业"办法培养基层农技人员，支持
基层青年农技人员在职研修。开展农业重大技术协同
推广试点，引导农技推广机构、科研教学单位、新型
农业经营主体、社会化服务组织等集成熟化、推广应
用急需适用技术，确保农业主推技术到位率超过
95%。依托新型农业经营主体，通过自建、租用、合
作等方式，建设农业科技示范展示基地，推行"农业
科研基地＋示范展示基地＋农技推广站点＋新型农业
经营主体"的链条式服务。

案例7：区域性农技推广组织建设试点

江西省建设了75个区域性农技推广组织，服
务范围覆盖618个乡镇。南义农业技术推广服务

---

① 2020年年底，江西省启动了事业单位改革。改革前，省级涉及
农技推广机构7个，包括6个行业技术推广站、1个省农业生态与资源
保护站。改革后，整合了6个推广站及其他相关单位，组建了江西省农
技推广中心，承担新技术、新品种引进、试验、示范、培训和科技成果
转化等。市县两级农技推广机构基本参照省级方式改革，整合组建综合
性农业技术推广机构。

区域站是瑞昌市改革试点第一站，采取"站联社建基地、人包村联农户"模式，搭建了公益性农技推广机构与经营性组织融合发展的对接平台。区域站设服务专家1名、公益性农技员5名、特聘农技员4名、新型农业经营主体负责人2名，辐射南义镇、横港镇、范镇，重点推广稻油轮作、稻鸭共养，提供育秧、插秧、病虫害防治等技术指导，建立了"专家＋农技员＋龙头企业＋示范基地＋农户"的推广服务机制。区域站与龙头企业建立技术推广联盟，为企业提供技术指导，每年开展机耕、机插、飞防、机收等全程机械化示范展示，培训专业农机手近百人。

四是提高农业机械化、数字化水平。聚力农机装备产业发展，促进农业装备推广应用。建设农机装备产业园、制造基地、研发试制基地，引入国家农机装备创新中心、中联农机、中国一拖等企业，截至2022年年底规模以上农机企业有23家，年产值达35.7亿元。推动农业数字化转型，开展智慧种植、智能畜牧、智慧渔业和农机智能化建设，推进高标准农田及生态养殖基地、特色蔬菜产业种植基地数字化管理建设，推广物联网、大数据、5G、智能控制等现代信息技术应用，提高农业生产、经营、管理、服务数字化水平。

2022 年，樟树市农业农村局出台《关于加快推进粮食生产全程机械化的实施意见》，推进水稻机械化种植补短板，将水稻育秧中心按成套设施设备纳入中央农机购置补贴范围，大幅提升了水稻机插水平。截至 2023 年上半年，建成全程机械化综合农事服务中心 104 个，已建和在建的水稻机械化育秧中心有 781 个；早稻集中育秧率达 61%，同比提高 7 个百分点；早稻机械化种植率达 49%，同比提高 6 个百分点。率先开展农机购置与应用补贴"三合一"办理和"三中心一网点"创建①。2022 年年底，主要农作物耕种收综合机械化水平达到 78%，其中水稻耕种收综合机械化水平达到 83.9%。

案例 8：大田农社由"靠经验"种田变为"靠数据"种田

南昌市蒋巷镇大田农社万亩农场是江西省首个"万亩智慧农场"，流转 1.36 万亩稻田，每年水稻产量稳定在 2000 万斤左右。大田农社将农机

---

① "三合一"办理：手机 App 申请补贴、机具二维码识别、物联网轨迹监测。"三中心一网点"：建成水稻机械化育秧中心 827 个，单季育秧能力达 320 万亩以上；建成全程机械化综合农事服务中心 104 家，辐射带动 9820 多户小农户；建成"四有三能"（有资质条件、有形象标识、有技术能力、有经营水平，能服务、能发展、能共享）农机维修网点 100 个。

作业监控、北斗导航辅助驾驶系统、无人驾驶系统应用到农机装备，实现了规模化经营、机械化生产、数字化管理，只需要 26 人就可以轻松管理整个农场。农场以科学数据指导农事生产和农场管理。布局在田间的 30 多个智慧农情监测站，实时收集湿度、风速、降雨、光照等数据信息，反馈到终端平台。工作人员通过计算机终端，实时了解稻田情况、设备轨迹，分析数据，作出农事决策，实行精准管理，既降低了成本，又提高了产量。大田农社依托数字农业，打造了从育秧、机插到植保、收割，再到加工、销售的完整产业链条。

五是推动农业生产标准化、绿色化。全域推进绿色有机农产品基地建设，实施农业"三品一标"提升行动，打造绿色低碳农业产业链，健全农业绿色质量标准体系。加快推进绿色高质高效标准化生产示范行动，创建现代农业全产业链标准化基地、果菜菌茶标准园、畜禽养殖标准化示范场。推广绿色投入品、安全绿色兽药。创建绿色有机地理标志农产品全产业链标准化基地。2021 年，江西省市场监管局相继发布《江西绿色生态——农民专业合作社》《江西绿色生态——家庭农场》两项地方标准。建立农作物病虫害绿色防控示范区，实施化肥农药减量增效行动，推广绿色防控、统防统治、测土配方施肥技术，推行"猪沼果""猪沼菜"等绿色种养循环模式。畜禽粪污综合利用率保持在80%以上，农作物化肥农药使用量连续6年实现负增长。

六是严格农产品质量安全监管。严格农产品质量安全全过程监管，健全追溯管理制度，全面推行承诺达标合格证制度，推进"区块链溯源 + 合格证"。率先整省打造农安智慧监管，全面推行大数据智慧监管，推广应用农产品质量安全大数据智慧监管平台，建立了以网格化巡检、风险监测、区块链合格证追溯为核心的监管模式，推动实现全域监管一张网、全程追溯一条链、全面评价一幅图。开展农产品质量安全专项执法检查。农产品质量安检合格率连续9年稳定在98%以上。

（四）发挥生态环境价值，推进绿色产业融合发展

聚焦"绿色兴农"要求，推进全国首个部省共建绿色有机农产品基地试点省建设，持续开展农业农村生态环境保护工作，大力发展绿色生态农业和新产业新业态。已创建国家农业绿色发展先行区5个、全国绿色食品原料标准化基地49个，2022年绿色有机认证面积同比增加了23%。

一是加强生态资源保护。开展重点水域禁捕退捕

与水生生物保护专项行动，长江干流、鄱阳湖和 35 个水生生物保护区提前一年完成全面禁捕，6.82 万渔民转产上岸，江豚、刀鱼等再次出现大规模群体。加强水生生物资源养护，打击非法捕捞，规范增殖放流、天然水域垂钓行为。在全国率先全面构建党政同责的河长制组织体系，开展流域生态综合治理，常态化推进河湖"清四乱"，6 个县被列为全国水系连通及水美乡村建设试点，创建水生态文明村 711 个。开展畜禽养殖、水产养殖污染防治专项行动，推进畜禽粪污资源化整区推进项目建设，加强农药包装废弃物和废旧农膜回收处置，加强耕地土壤污染防治，严格管控受污染耕地安全利用。

二是完善绿色发展机制。加强农业绿色发展先行区建设，创建水产生态养殖示范区。完善提升林长制，开展造林绿化、乡村绿化美化、森林乡村创建，稳妥推进农业、林业碳汇和绿宝碳普惠核算减排量交易，打造国家生态产品价值实现机制创新中心。围绕绿色食品生产、加工、流通、服务等环节，建立绿色食品产业链"链长制"，培育壮大绿色食品加工龙头企业。南昌市出台《关于进一步推动绿色食品产业高质量发展的实施意见》，努力打造立足江西、辐射中部、服务全国的绿色食品产业基地。

三是拓展产业变现途径。2022 年，认证绿色有机地理标志农产品 5039 个，其中绿色农产品 1638 个、有机农产品 3296 个、地理标志农产品 105 个，分别比 2018 年增加 991 个、1471 个、22 个。发挥好山好水、古村古屋等资源优势，促进农文旅融合，发展乡村旅游、休闲乡宿、森林康养、农事体验、研学培训等新业态，组织省级十佳农庄、星级农家乐、精品线路、田园综合体评选，创建"美丽活力乡村＋乡宿"联动建设先行县 22 个，发展休闲乡宿近 4000 家，休闲农业营业收入达 349.3 亿元。2023 年，乡村休闲旅游产业带动农民就近就业 2.5 万人、当地农副产品销售额 5 亿元、村集体增收近 1 亿元。

案例 9：安义县千年古村群旅游带动乡村焕发新活力

安义县千年古村群，由罗田、水南、京台三个村组成，历史逾 1400 年，是典型的赣商文化村。古村群凭借历史文化资源大力发展古村旅游，成为国家 AAAA 级旅游景区，获"中国历史文化名村"称号。其一，坚持村民意愿，维护村民利益，推进村庄规划。其二，严格遵循修旧如旧原则，保护古村落原有风貌和结构。其三，引入民宿经济、特色餐饮、文化体验等，形成了以旅游为核心的综合性民生产业。其四，持续改善道路、水、电、网络等基础设施，加强环境保护，确保了旅游活动与生态环境的和谐共生。通过发展乡村旅游，推动农文旅融合发展，增加了村民的收入，改善了生活水平；优化了村庄景观和居住环境，提升了宜居宜业水平；促进了文化保护传承，让古村落焕发新活力。

（五）培育优势特色产业，提升供应链价值链水平

聚焦产业兴农，以"粮头食尾""农头工尾"为抓手，深化农业供给侧结构性改革，依托优势特色产区，强龙头、促集聚、补链条、兴业态、树品牌，全链条打造农业优势特色产业，构建现代乡村产业体系，探索全环节提升、全链条增值、全产业融合的现代农业产业高质量发展之路。2022 年，江西省农林牧渔业总产值达4223.8 亿元，农产品加工业总产值超过 7000 亿元。2023 年前 3 季度，实现农林牧渔业总产值2463.8 亿元，同比增长 3.9%。江西省明确到 2025 年农业产业综合总产值达到 1 万亿元的高质量发展目标（见表 1-5）。

表 1-5　　　　　江西省主要农业产业综合产值发展目标　　　　单位：亿元

年份	总产值	稻米	油料	蔬菜	畜牧	水产	茶叶	中药材
2023	8186	1146	1059	1161	2800	1230	139.8	158.5
2025	10000	1200	1500	1500	3500	1300	200	200

资料来源：2022 年 8 月，江西省人民政府印发《江西省农业七大产业高质量发展三年行动方案（2023—2025 年）》。

一是强龙头。以培育链主型龙头企业为目标，突出"外引内培"双轮驱动，开展"强链争先"行动，培育壮大龙头企业。支持各地招引产业链条长、加工层次深、辐射能力强的"链主""头部"企业，积极帮助龙头企业争取政策支持，不断升级发展。目前，已累计培育农业产业化省级以上龙头企业1059家，数量居全国第7位。2022年，规模以上农产品加工企业有4436家。2023年前3季度，招引8家全国头部龙头企业，招引农业项目303个、签约金额760.62亿元；涉农企业达69136家，同比增长20.3%。

二是促集聚。实施农业产业高质量发展三年行动方案，省市县梯度配置主导产业链、特色产业链、优势产业链，发挥资源和区位优势，推进产业集群集聚，培育了粮食、蔬菜、畜牧、水产、油料等千亿级产业，茶叶、中药材、油茶等百亿级产业，以及一批市级百亿级优势产业链、县级十亿级优势产业链，打造了小龙虾、富硒蔬菜、鄱阳湖稻米、赣中南肉牛4个国家级产业集群，创建国家级农业产业强镇48个、国家现代农业产业园10个、省级现代农业产业园58个。目前，富硒产业规模达到600亿元以上①，农业农村数字

---

① 萍乡市大力培育硒锌功能产业，推出了硒锌大米、禽蛋、蔬菜、茶叶等系列产品，创建了莲花、芦溪2个省级富硒农业发展示范先行区，新认证富硒农产品77个，共计139个。

经济总体规模达到 720 亿元。

三是补链条。聚焦精深加工增值，提升农产品加工转化能力，推动以绿色有机大健康食品为重点的农产品精深加工业加快发展。目前，围绕主导产业、特色产业、优势产业的农产品加工产业集群基本形成，精深加工增值水平稳步提升，有力支撑了优质农产品品牌化发展。2022 年，江西省农产品加工业产值与农业总产值之比达到 2.53∶1，略高于全国平均水平。九江市围绕粮食油脂生产销售、啤酒果汁茶饮品、畜禽水产、特色休闲食品、营养健康食品 5 大绿色食品产业链大力发展农产品精深加工，规模以上农业加工企业达 454 家，总产值达到 900 亿元。泰和县促进乌鸡产业全链条升级，引导龙头企业以销售带加工，以加工促饲养。如江西汪陂途泰和乌鸡发展有限公司，建设了生态养殖基地、标准化加工基地，组建了专业网络销售团队，在天猫、京东、1 号会员店等平台开设旗舰店，年网络销售额占比达 80% 以上。

四是兴业态。实施"互联网＋"农产品出村进城工程，培育农产品网络销售市场主体，加强与大型电商平台的合作，引导农业生产、加工、流通企业应用电子商务，发展农产品直播带货、直供直销等新业态。2023 年前 3 季度，农产品网络零售额达 137.92 亿元，同比增长 47.1%，高于全国平均水平约 20 个百分点。

同时，举办专项培训班、预制菜争霸赛、进驻对接会、来赣调研选品系列活动等，全面对接大型电商平台、高端商超、高端餐饮企业，已有42个优质农产品进入了多家国内优质平台销售，实现高端餐饮供应链零的突破；依托盒马鲜生、京东等建设电商供应链，如自2022年11月起，在赣州市寻乌县吉潭镇上车村、景德镇市蛟潭镇勤坑村包家坞、寻甸回族彝族自治县凤合镇杨家湾村建设"盒马村"，实现订单农业和全产业链管理。

五是树品牌。开展优质农产品品牌培育行动，实施"生态鄱阳湖·绿色农产品"品牌战略，建立江西"赣鄱正品"品牌体系和江西优质农产品营销体系，推进"赣鄱正品"全域品牌创建，建立品牌目录，实行动态管理，先后认定了"林恩""漫江红"等260个特色鲜明、品质优良的"赣鄱正品"品牌。支持企业多渠道展示产品和宣传品牌，引导企业强化质量管理、保证食品安全，提高品牌塑造和运营水平，赣南脐橙、南丰蜜橘、赣南茶油、庐山云雾茶、狗牯脑茶等地理标志产品荣登全国百强榜。同时，引导各市开展公用品牌、企业品牌和产品品牌培育。赣南脐橙连续8年位居全国水果类地理标志产品价值榜首，品牌价值达686亿元。吉安市全力推进"井冈山"农产品区域公用品牌建设，发布农产品团体标准9个，授权

62 家企业使用品牌商标，推出井冈蜜柚、泰和乌鸡、狗牯脑茶等一批区域公用品牌。

（六）深化农村综合改革，激发乡村振兴内生动力

以深化农业农村改革为乡村振兴增动力、添活力，让农民在改革中分享更多发展成果，持续增强农业农村发展内生动能。

一是健全乡村振兴推进机制。落实五级书记抓乡村振兴要求，推进乡村振兴各项具体工作落地落细。强化人才保障，实施高素质农民培育计划，开展农村创业带头人培育行动，实施乡村产业振兴带头人培育"头雁"项目，培养造就新型职业农民队伍，为农业农村发展提供高素质人才。

二是推进基本经营制度改革。稳定农村土地承包关系，稳步推进农村承包地"三权分置"，引导土地经营权规范流转，发展多种形式的适度规模经营。目前，农村土地流转面积 2096 万亩，流转率 56.8%，较 2018 年提高了 13.3 个百分点。推广农村承包土地经营权抵押贷款"地押云贷"试点，累计发放"地押云贷"贷款 1.01 亿元。

三是探索农村宅基地改革。以保障农民基本居住权为前提，以盘活农村闲置宅基地和有序退出为突破口，推进农村宅基地改革，98.2% 的乡镇承接落实了宅基地执法管理权限。到 2022 年，累计审批宅基地超过 3.3 万宗，通过发展休闲乡宿盘活闲置农房和宅基地 190 万平方米，农户增加财产性收入 3 亿元，带动 2.1 万村民就近就业，增加工资性收入 4.8 亿元。宜春市 2.25 万个自然村进行宅基地改革，退出危旧房、闲置房、废弃房和"一户多宅"等房屋 38.5 万宗，发放不动产权证书 104.8 万本，有 1.3 万余幢闲置房转化为公共设施、经营性设施。永丰县宅基地使用权抵押贷款金额已突破 5500 万元，形成"连片改造、宅票置换、合作建房、以地养老、兜底保障、货币补偿"等多种模式。

四是深化集体产权制度改革。全面完成农村集体产权制度改革工作。巩固拓展农村集体产权制度改革成果，规范村级会计核算监督，升级"三资"监管平台，推进农村集体"三资"管理平台和农村产权流转交易市场建设，县级"三资"平台已基本建立。2022 年，各级农村产权流转交易市场实现交易额 6.2 亿元。开展林业改革发展综合试点，深化集体林权制度改革。

五是创新乡村振兴投入机制。健全金融支农机制，以金融助推生态产品价值实现机制试点为契机，推进绿色金融创新发展，加大"生态信贷通"投放力度，完善农村承包地经营权、林权抵押贷款。抚州市推进涉农地方政府专项债发行，扩大农业农村有效投资。

萍乡市开辟农业立项审批、土地审批、环评等方面的"绿色"通道，落实农业融资、用地、用电等强农惠企政策措施。

六是深化供销合作社综合改革。打造城乡冷链物流骨干网、建设"互联网＋第四方物流"，建成93个县级集配中心、1363个乡镇集配网点、8044个村级集配网点，打通了农产品从生产端到消费端的全程产销链条，提升乡村配送效率约70%、降低流通成本约20%。上线运行中国（樟树）中药材数字化云服务平台（供销药材通）。抓好"一粒种子""一袋化肥""一台农机"，开展农业生产社会化服务，拓展为农服务新领域，实现服务收入4.61亿元。完善联合社治理、基层组织建设、社有企业运行机制，实现省市县三级供销合作社监事会机构全覆盖，建立健全现代企业制度。

（七）实施乡村建设行动，增强宜居宜业乡村魅力

聚焦"让农村成为安居乐业的美丽家园"，以"气象新、面貌美、活力足、前景好"为指向，持续推进乡村建设和农村人居环境整治提升行动，推动农村人居环境由基础整治向品质提升迈进。目前，宜居村庄整治建设覆盖率达90%以上，农村生活垃圾收运处置体系实现自然村全覆盖，农村生活污水治理率达

34.8%, 创建美丽宜居先行县 39 个、美丽宜居乡镇745 个、美丽宜居村庄 8313 个, 打造美丽宜居示范带704 条, 农村人居环境整治工作连续 5 年获国务院督查激励表彰。

一是深入推进村庄整治。聚焦集聚提升类、城郊融合类、特色保护类等宜居村庄, 突出"七整一管护"①, 分类推进村庄整治建设。推进农村卫生厕所新建和改建, 开展拉网式排查, 搭建农村户厕管理系统, 实现数据一网统管, 有序整改问题厕所。到 2023 年 9 月, 农村卫生厕所普及率 79.9%, 约高于全国平均水平 5 个百分点。常态化推动农村生活垃圾处理, 梯次推进农村污水治理。景德镇市自 2020 年以来累计完成 130 个村的生活污水综合整治, 农村"千吨万人"以上饮用水水源地水质达标率为 100%, 农村生活污水乱排现象得到有效管控。常态化开展村庄清洁行动春季、夏季和秋冬季战役, 全域推开"整洁庭院"整治, 改善庭院内外、房前屋后微环境, 提高居住品质。

二是创新环境管护机制。落实行政村管护经费。在全国率先推进"五定包干"② 村庄环境长效管护机制建设, 搭建"万村码上通 5G +"长效管护平台, 集

---

① "七整"指村内道路、村内供水、户用厕所、公共照明、排水沟渠、村内河塘、搭靠"三房"整治建设, "一管护"指村庄环境日常管护。

② "五定包干"指定管护范围、定管护标准、定管护责任、定管护经费、定奖惩考核。

投诉、整改、反馈、监督等便捷功能于一体，具有随手拍、随时报、"码"上办的特点。目前，16 万个宜居村庄全部纳入监管范围，受理各类管护问题 38 万余件，处理完结率和群众满意率均达到 95% 以上。

三是加强改善乡村治理。规范村级权力运行，优化议事决策流程，推广村级事务"阳光公开"监管平台，强化村级小微权力监督。建强基层党组织，创新党建引领机制，选树乡村振兴模范党组织，选派第一书记、驻村工作队，用好大学生专职村干队伍。推进网络化管理，推广运用积分制、清单制。深化平安乡村建设，提高基层综治中心规范化、信息化、智能化水平。高标准打造新时代文明实践场中心（所、站），推进移风易俗，大操大办、铺张浪费、厚葬薄养等不良风气明显减少。

四是改善农村营商环境。深化农业农村领域"放管服"改革，营造农业农村投资创业环境。开展县域商业体系建设行动，完善县乡村物流配送体系，深入推进农村客货邮融合发展，发展"一点多能"的村级寄递物流综合服务点。实施数字农业农村经济发展行动，开展乡村治理数字化工作。

（八）促进农民增收致富，缩小城乡区域发展差距

江西省以增加农民收入为"三农"工作中心任务，

千方百计缩小城乡居民收入差距，推动城乡融合发展，为农业农村现代化奠定坚实基础。目前，江西省农村居民收入与全国平均水平基本持平，城乡收入差距却明显小于全国平均水平。2022 年，江西省农村居民人均可支配收入 19936 元，城乡居民人均可支配收入比缩小到 2.19 : 1（见表 1 - 6）；全国农村居民人均可支配收入 20133.00 元，城乡居民人均可支配收入比为 2.45 : 1（见表 1 - 7）。

表 1 - 6　　　　2022 年江西省城乡居民人均可支配收入情况　　　　单位：元

项目	城镇居民人均可支配收入	农村居民人均可支配收入	城乡居民人均可支配收入比
全省	43697	19936	2.19 : 1
南昌市	52622	24218	2.17 : 1
景德镇市	47732	22331	2.14 : 1
萍乡市	45278	24279	1.86 : 1
九江市	45685	20108	2.27 : 1
新余市	47574	23859	1.99 : 1
鹰潭市	43836	21892	2.00 : 1
赣州市	42231	15900	2.66 : 1
吉安市	44965	19588	2.30 : 1
宜春市	42038	20366	2.06 : 1
抚州市	41360	20436	2.02 : 1
上饶市	45037	18736	2.40 : 1

资料来源：笔者自制。

表 1 - 7 　　　　　　　江西省农村居民人均可支配收入和

城乡收入差距与全国平均水平对比 　　　　　单位：元

年份	农村居民人均可支配收入		城乡居民人均可支配收入比	
	全国	江西	全国	江西
2012	7916.58	7827.82	2.88：1	2.54：1
2013	9429.60	9088.77	2.81：1	2.41：1
2014	10488.90	10116.58	2.75：1	2.40：1
2015	11421.70	11139.07	2.73：1	2.38：1
2016	12363.40	12137.72	2.72：1	2.36：1
2017	13432.40	13241.82	2.71：1	2.36：1
2018	14617.00	14459.89	2.69：1	2.34：1
2019	16020.70	15796.29	2.64：1	2.31：1
2020	17131.50	16980.84	2.56：1	2.27：1
2021	18930.90	18684.18	2.50：1	2.23：1
2022	20133.00	19936.00	2.45：1	2.19：1

资料来源：笔者自制。

一是促进农民就业创业持续增收。大力发展县域经济，提升县域产业承载和配套服务功能，增强中心镇辐射带动能力，扶持发展就业容量大的产业和企业，培育发展家政服务、物流配送、养老托育等生活性服务业，引导农民就地、就近就业。提升公共就业服务水平，及时发布劳务需求，组织开展招工活动。对接园区和社会用工需求，针对性开展职业技能培训，提高农民转移就业本领。推进农村创业基地建设，吸引各类人才返乡入乡创新创业。

二是守住不发生规模性返贫底线。高质量完成脱贫攻坚任务，巩固拓展脱贫攻坚成果，推动农村区域均衡发展。健全落实防止返贫动态监测和帮扶机制，创新建设"防止返贫监测帮扶系统"，在全国率先打通省级层面行业部门数据壁垒①，接续推进脱贫县、脱贫村乡村振兴，推动脱贫人口收入持续增长。将100个县（市、区）划分为先行示范县、整体推进县、重点帮扶县，分类指导、持续推进产业帮扶，培育带动经营主体5.26万个、村级（联村）产业基地1.75万个、脱贫劳动力就业143.2万人。2023年前3季度，脱贫人口人均纯收入13531.8元，同比增长12.5%。2021年、2022年连续获得中央巩固脱贫成果后评估"好"等次、资金绩效评价"A"级。

三是发展壮大农村集体经济。2022年，基本实现行政村集体经济年经营性收入10万元以上。抚州市开展村级集体经济提升三年行动，探索资源利用、服务创收、旅游带动、股份合作、物业出租等村级集体经济发展新模式，确保60.0%以上村级集体经济年经营性收入超过20万元。南昌市出台《村集体经济发展提质增效若干举措》，村集体经济经营性收入全部达到20万元，同时，村集体经济经营性收入30

① 实现12家部门、12家金融机构、32项数据的常态共享、实时互通，融合基层采集基础数据及全省900余万户农村人口数据，实行线上一键智能化闭环管理，即数据多跑路、群众少跑腿、干部少填表，有效减轻基层负担，使监测更加精准、预警更加及时、工作更加智能、服务更加便捷。

万元以上的村占比达 85.9%。萍乡市增强集体经济"造血"功能，加强资源整合，促进村企（社）融合，推行"党组织＋企业（合作社）＋农户"，推动强村结对帮带弱村，将村干部报酬待遇与集体经济收入挂钩，所有行政村集体经营性收入均超过 10 万元，超过 15 万元的村占 90.33%。

四是推进县域城乡融合发展。加快以县城为重要载体的城镇化建设，完善财政保障机制，高标准、高质量推进城乡融合发展。推动农业转移人口市民化，完善财政转移支付与农业转移人口市民化挂钩的相关政策，在子女义务教育、养老待遇和失业救济等方面予以保障。全面提高公共服务共建能力和共享水平，补齐基层公共卫生服务短板，建强城乡养老服务体系，兜住城乡社会救助底线，夯实基层公共文化服务。打通城乡人才培养交流通道，吸引各类人才投身乡村建设，推动乡村人才振兴。2021 年，从新增专项债务限额中安排 20 亿元用于支持鹰潭市国家城乡融合发展试验区建设，安排 20 亿元用于支持萍乡市、新余市等省级城乡融合发展试验区建设。

案例 10：新余市农村居家养老服务

从 2016 年开始，新余市在全国首创"党建＋颐养之家"农村居家养老模式，解决 70 岁以上农村独居、留守老人的一日三餐、精神慰藉和医养结合问题。目前，全市414个行政村已建成736个颐养之家，"入家"老人10265名，实现了所有行政村和有需求老人全覆盖，缓解了农村家庭养老负担。新余市同步建设414个晓康诊所，其中67个与颐养之家共建、94个在颐养之家旁边，225个在自然村。颐养之家开设了视频聊天室，外出子女随时能看到父母的饮食起居，实现了老人舒心、子女安心、党群连心。

四 江西省农业强省建设定位

从农业资源禀赋和农业农村发展基础来看，江西省是具有生态资源优势、食物资源优势和区位优势的综合型农业大省。生态资源优势集中在山水林田湖和秀美风光、人文底蕴方面；食物资源优势集中在粮食、畜禽、水产、林产品和地域性"土特产"方面；区位优势集中在邻近长三角、珠三角经济发达的人口稠密区，中高端食物需求富集区和全国农产品市场布局的区域性节点。江西省要建设的农业强省是以南方山水林田湖资源为基础，以粮食产业强为底色，以食物质量强为特色，以绿色生态为主线，以水稻、油料（油菜和油茶）、蔬菜、畜禽（生猪和特禽）、水产、林业等为结构，以加工、市场、品牌、农旅等凸显市场竞争优势的综合型农业强省。

（一）凸显粮食产业强底色

确保重要农产品特别是粮食的稳定安全供给，是实施乡村振兴战略的首要任务。习近平总书记强调，"农业大省的责任首先是维护国家粮食安全"。① 江西省作为农业大省，粮食生产影响举足轻重。江西省建设农业强省，首先要扛稳粮食安全责任，发挥粮食生产优势，打造全国重要的粮食生产核心区和现代粮食产业集聚高地。建设粮食产业强省是江西省发挥传统农业优势的必然选择。虽然，江西省粮食总产量占全国比重不是很高，省域排名也不是很靠前，但江西省为保障国家粮食安全仍作出了突出贡献。20 世纪 90年代，国家开始划分粮食主产区、产销平衡区、粮食主销区，其中粮食主产省有 13 个。到 2021 年粮食能够自给的省只剩下 13 个。其中只有 5 个省有能力调出 50 亿公斤以上粮食。能够调出粮食的省份越来越少，江西省是全国 13 个粮食主产省之一和新中国成立以来从未间断过输出粮食的 2 个省之一，常年外调

---

① 《以创新理念提升农村改革发展成效》，2019 年 7 月 10 日，人民网，http://theory.people.com.cn/n1/2019/0710/c40531-31224313.html。

粮食 100 亿斤,以占全国 2.13% 的耕地生产了约占全国 3.21% 的粮食。2022 年,江西省粮食产量在全国排名第 13 位,稻谷产量居全国第 3 位。江西省是全国双季稻主产区,双季稻占水稻播种面积超过 70%。江西省生产的粮食,在省内自给的同时主要供应长三角、珠三角等经济发达地区,覆盖到西南丘陵山区。江西省建设粮食产业强省,应立足满足省内粮食需求和省外中高端需求,发展以优质精品水稻为基础、以省内外优质粮食为原料的现代粮食加工流通产业链和产业集群,打造南方粮食产业集群高地。

(二)凸显食物质量强优势

江西省的生态环境优势和传统农业优势结合的结果是食物质量优势。食物质量是凸显江西省现代农业竞争优势的重要支撑。无论是发展粮食产业,还是特色农业,以食物质量塑造产业核心竞争力都是必由之路。江西省要建设的农业强省,必然具有食物质量强的典型特征,甚至可以成为特色亮点。2016 年 2 月,习近平总书记视察江西省时强调,"江西生态秀美、名胜甚多,绿色生态是最大财富、最大优势、最大品牌,一定要保护好,做好治山理水、显山露水的文章,走出一条经济发展和生态文明水平提高相辅相成、相得益彰的路子"①。2023 年 10 月，习近平总书记在江西省考察时强调，"发挥生态优势和传统农业优势，打造区域性优质农副产品生产和供应基地"②。发展绿色生态农业是生产供应优质农产品的基本途径。江西省的资源禀赋决定了发展绿色生态农业的资源优势。同时，江西省是天然富硒集聚区，可以生产供应富硒农产品，进一步巩固了江西省发展绿色生态农业、生产供应优质农产品的质量优势。如宜春市是全国三大富硒地之一，已探明富硒（含潜在）耕地面积 1545 万亩，绿色有机基地面积达 501.8 万亩。江西省全域打造绿色有机农产品生产供应基地，已经具备了建设食物质量强省的资源基础。而且，江西省已经是全国有名的绿色有机农产品生产地，稳步推进了首个部省共建绿色有机农产品基地试点省建设。2021 年 3 月 11 日，农业农村部与江西省人民政府签订《共建江西绿色有机农产品基地试点省合作框架协议》，2021 年 9 月 1 日出台《农业农村部、江西省人民政府共建江西绿色有机农产品基地试点省工作方案（2021—2025 年）》（农质发〔2021〕9 号）。2022 年 10 月，江西省

---

① 《江西奋力打造生态文明建设高地》，2024 年 7 月 14 日，求是网，http：//www.qstheory.cn/2024-07/14/c_ 1130179369.htm。
② 《乡村产业振兴：以"产业旺"促"乡村兴"》，2024 年 10 月 12 日，中国政协网，http：//www.cppcc.gov.cn/zxww/2024/10/12/ARTI1 728714462532464.shtml。

农业农村厅印发了《部省共建江西绿色有机农产品基地试点省"个十百千万"行动方案》（赣农共建办字〔2022〕2号）。未来，江西省要以发展绿色生态农业为主线，主攻绿色食品、健康食品、功能食品的质量提升和安全保障，不断塑造农业强省的比较优势和竞争优势。

（三）凸显结构多样化特色

山水林田湖河的自然资源禀赋决定了江西省农业产业门类齐全、食物种类丰富多样，具有粮食、畜禽、蔬菜、水产、林果及特色农产品的综合生产优势。这与贯彻"大食物观"需要具备的资源禀赋优势相一致。江西省农田、森林、水域的资源潜力，特别是生物资源潜力均在全国前列，承载了种类丰富的动植物资源，形成了很多具有全国影响力的重要农产品和特色产品产业。这决定了江西省要建设的农业强省，具有种养并举、特色多样的产业结构特征。除粮食产业强省外，江西省还在如下8个方面具有成为强省的基础。

一是具有成为油料产业强省的基础。江西省具有竞争优势的油料作物是油菜和油茶。油菜种植面积居全国第4位，占全国油菜种植总面积的7%。江西省是唯一全境适宜种植油茶的省份。油茶是江西省最具特色的林业产业，油茶林总面积 1560 万亩，油茶资源规模和产量均居全国第 2 位，油茶产量占全国的 1/4。2022 年江西省油茶综合产值突破 500 亿元，居全国第 2 位，主要产品有山茶油、茶粕、茶皂素，以及利用山茶油、茶皂素生产的功能性山茶油产品、化妆品、洗涤用品、生物农药、饲料等，带动从业人员 355 万人。

案例 11：江西省大力发展油茶产业

油茶对保障国家粮油安全具有战略意义。2020 年，江西省林业局成立油茶办，统筹推进油茶产业发展。江西省油茶资源不断扩大，茶油产量增长至 20 万吨左右，加工规模和产品销售领先全国，现有油茶企业 280 多家，其中规模以上油茶加工企业 46 家、国家林业重点龙头企业 16 家，5 个商标获中国驰名商标称号，"赣南茶油""宜春油茶"被批准为国家地理标志证明商标。2021 年，出台《江西山茶油团体标准》和《"江西山茶油"公用品牌标识管理办法》，打造"江西山茶油"公用品牌。江西省山茶油线上销量全国领先，消费市场以北京、长三角、珠三角等一线、二线城市为主。自 2020 年以来，江西省累计安排 15 亿元资金支持油茶种植，2022 年出台《江西省

山茶油发展条例》。为解决资金难题,江西省推出
"金穗油茶贷""油茶贷""惠农油茶贷""银担惠
农贷·油茶贷"等金融产品,还将油茶纳入省级
农业特色保险保费补贴目录,参保面积990.45万
亩。油茶主要分布在山地丘陵,具有产业助农增
收优势。"十三五"时期,扶贫带动面积73.7万
亩,带动贫困人数37.5万人,覆盖贫困村1646
个,户均增收2071元。

二是具有成为设施蔬菜强省的基础。江西省是蔬
菜优势产区,供港叶类蔬菜居全国前列,设施蔬菜面
积居全国第12位,蔬菜及食用菌产量为1786.9万吨。
蔬菜是生活必需品和城乡居民食物消费的增长潜力所
在,是设施农业的重要组成部分。蔬菜产业比较效益
较高,有助于农民收入的持续增长。要沿着优质化、
精品化的方向,推动设施蔬菜产业发展,全域拓展农
业生产边界,提高优质蔬菜生产供应能力。

三是具有成为内陆渔业强省的基础。江西省是淡
水渔业大省,水域面积约占全省面积的10.00%,占
全国内陆水域面积的9.34%,水产品产量居内陆省
第2位,是大宗农产品在全国排位最前的产业。鳗鱼
是水产品出口的主导品种,产量为2.39万吨,年创
汇1.5亿美元以上,连续多年位列内陆省份之首。

2022 年，特种水产品产量达 108.9 万吨，泥鳅、黄鳝、乌鳢、黄颡鱼、鳜鱼、甲鱼、小龙虾等名优特水产产量在全国排名前列。内陆渔业是江西省支撑农业强省的现代农业产业中具有比较优势和竞争优势的重要产业。

四是具有成为林业产业强省的基础。江西省是南方重点集体林区和重要生态屏障，林地面积 1.56 亿亩，具有成为林业经济强省的资源优势。林业在江西省经济社会发展中有着重要地位，除了油茶产业，还有竹产业、林下经济，森林食物更是潜在的优势产业。目前，江西省林业产业总产值突破 6200 亿元，位居全国前列。抚州市已明确推进林业"千万资源变千亿产值"行动，推广林药、林菌、林油、林禽、林畜、林果等多种森林复合经营模式。2022 年，江西省与国家林业和草原局共建江西现代林业产业示范省，与中林集团开展战略合作，组建林业领域省级市场化投资经营平台—中林（江西）林业投资开发集团有限公司，承担国家储备林建设、油茶种植和加工、林业碳汇开发等。江西省着力推动竹产业转型升级，省级以上竹产业龙头企业已达到 52 家，竹产业总产值达 686 亿元。森林是天然的"粮库"，林产品是绿色农产品的重要补充。2022 年，江西省经济林总规模为 238.4 万公顷（3576 万亩），森林食物产量达 666.8 万吨，其中林果产量 504.4 万吨、森林食品 54.1 万吨、木本粮油 58.98 万吨。近年来，林业新产业新业态迅速兴起，林下中药材、食用菌和林下畜禽养殖等发展迅速，森林旅游、森林康养等加快涌现，铜鼓黄精、广昌食用菌、资溪灵芝等林下经济"一县一品"发展顺利，林下经济综合产值已突破 1800 亿元。

五是具有成为水果产业强省的基础。江西省是柑橘优势产区，产量居全国第 6 位，其中赣南脐橙种植面积居世界第 1 位、产量居世界第 3 位。赣州市形成了"赣南脐橙"地域优势产品。2023 年中国品牌价值评价信息中赣南脐橙以 691.27 亿元的品牌价值，居全国区域品牌（地理标志产品）第 5 位、水果类第 1 位。从最初引种 156 株脐橙树苗，到种植面积达 189 万亩、产量居全国首位，江西省赣南市通过打造标准化生态示范园，普及推广绿色、优质、高效栽培理念和集成技术等措施，使赣南脐橙的品质得到提升，也得到了消费者认可，销售价格比其他地区高出 30% 左右。2022 年，赣南脐橙总产量为 159 万吨，产业集群总产值为 195 亿元，其中鲜果销售收入达 89 亿元。除脐橙外，甜柚、蜜橘等也是特色优势水果品种，如马家柚。沿着优质化、精品化、高端化的方向，打造特色优质水果产业强省，应成为江西省农业强省的重要支撑产业。

　　六是具有成为特色农业强省的基础。习近平总书记强调，"各地推动产业振兴，要把'土特产'这3个字琢磨透"①。"土特产"是江西省乡村产业振兴的优势，更是建设农业强省的依托。如赣南市培育形成宁都黄鸡、兴国灰鹅、大余麻鸭、石城白莲、南康甜柚、会昌橘柚、瑞金烤鳗等"一县一品"，产业规模和市场占有率不断扩大；吉安市井冈蜜柚、绿色大米、有机蔬菜、有机茶叶、特色药材、特色竹木6大富民产业不断发展，总面积突破700万亩；泰和县乌鸡产业闻名全国；萍乡市培育硒锌功能产业，推出了富硒锌的大米、禽蛋、蔬菜、茶叶等系列产品，创建了莲花、芦溪2个省级富硒农业发展示范先行区，新认证富硒农产品77个。就个别特色产业来看，优势明显、特点突出，但从省域来看，特色产业存在明显的散、乱、小突出问题。要实现特色农业产业从多向强的转变，必须在全省层面，以品牌为抓手，以营销为切口，以质量为根基，系统化谋篇布局"土特产"，以"土特产"的协同化、系统化发展支撑农业强省，实现乡村产业振兴和城乡融合发展。

　　七是具有成为畜禽养殖强省的基础。江西省是畜

――――――――――

　　① 《把"土特产"这3个字琢磨透，习近平总书记谈乡村产业振兴》，2023年3月19日，求是网，http：//www.qstheory.cn/zhuanqu/2023-03/19/c_ 1129442127. htm。

禽养殖大省，全国优质畜产品重要供应基地，具备成为以生猪、禽蛋、水禽和特禽等为产业构成元素的畜禽养殖强省的基础。现代畜禽养殖产业链是江西省农业强省的重要支柱产业。江西省已经形成了"一片两线"生猪优势产区和以泰和乌鸡、崇仁麻鸡、宁都黄鸡等原产地为核心的优质地方肉鸡优势产区，"沿江环湖"水禽优势产区，赣中南肉牛优势产区，以及赣西、赣北、赣东北肉羊优势产区。江西省肉类总产量居全国第12位，禽蛋产量居全国第13位。2022年，江西省畜牧业产值为1094.4亿元，其中生猪养殖产值592亿元，是江西省第一大农业产业。江西省是全国生猪优势产区，存出栏量均居全国第10位，常年外调生猪1000.00万头，净调出量稳居全国前列，净调出率为30%、居全国首位。江西省是牛羊、家禽南方增量潜力区，2022年牛出栏147.30万头、羊出栏186.80万只。江西省优质地方肉鸡、水禽优势产区不断巩固提升，产量稳居全国第一方阵，蛋鸡饲养规模大幅增长。2022年，家禽存栏2.42亿只、出栏5.93亿只，居全国第12位。江西省畜禽规模养殖水平位居全国前列，生猪85.1%、肉鸡84.6%、蛋鸡83.2%，生猪规模化率高出全国平均水平20个百分点，居全国第6位。特色畜禽养殖业也是江西省的优势产业。江西省是鹌鹑、肉鸽、蜜蜂等优势养殖区，鹌鹑饲养量约为2.00亿只，肉鸽饲养量约为 1.00 亿只；现有蜜蜂 120.00 万群，蜜蜂全产业链产值超过 100 亿元，蜂业综合实力居全国前列。围绕畜禽养殖，江西省发展了有全国影响力的饲料工业、兽药产业、屠宰加工业，畜禽养殖的产业链和集群优势不断凸显①。推动畜禽养殖产业高质量发展应成为江西省建设农业强省的重要着力点（见表 1 - 8）。

表 1 - 8　　　　　　　　江西省具有全国影响力的农业产业构成

产业		规模	
		产量/面积/产值	省域排名
粮食	粮食	2021 年 430.40 亿斤	13
	水稻	2022 年 2036.50 万吨	2
油料	油菜	2021 年 756.80 万亩	4
	油茶	2022 年 1560.00 万亩 2022 年 500.00 亿元	2
畜禽	肉类	2022 年 360.00 万吨	12
	禽蛋	2022 年 68.40 万吨	13
	生猪存栏	2022 年 1730.10 万头	10
	生猪出栏	2022 年 3064.60 万头	10
	牛出栏	2022 年 147.30 万头	15
	家禽出栏	2022 年 5.93 亿只	

---

①　江西省是超千万吨饲料生产大省，2022 年饲料工业总产量 1083.9 万吨，总产值 447.9 亿元，居全国第 12 位。兽药产业总产值 30 亿元，居全国第 11 位。生猪屠宰产能达到 3840 万头，现代化屠宰能力提升到 1200 万头以上。

续表

产业		规模	
		产量/面积/产值	省域排名
畜禽	鹌鹑	饲养 2.00 亿只，产蛋约 4.50 万吨，产值超过 30.00 亿元	前列
	肉鸽	出笼 6600.00 万只	
	蜜蜂	120.00 万群，全产业链产值超过 100.00 亿元	前列
设施蔬菜		2022 年基地 150.00 万亩	12
水果	脐橙	2023 年 189.00 万亩 2022 年 159.00 万吨 2022 年 195.00 亿元	1
渔业		2022 年 1229.00 亿元	4（内地）
	鳗鱼	2022 年 2.39.00 万吨	1（内地）
	泥鳅	2022 年 8.92.00 万吨	1
	黄鳝	2022 年 9.99.00 万吨	2
	乌鳢	2022 年 4.41.00 万吨	3
	黄颡鱼	2022 年 6.62.00 万吨	4
	鳜鱼	2022 年 4.55 万吨	4
	甲鱼	2022 年 3.66 万吨	4
	小龙虾	2022 年 21.30 万吨	5
林业	竹	2022 年 686.00 亿元	前列
	林业经济	突破 1800.00 亿元	前列
	林业总产值	突破 6000.00 亿元	前列

资料来源：笔者自制。

案例 12：江西省生猪生产水平

江西省培育生猪养殖龙头企业，引导养殖场改造升级，配备机械化、自动化、智能化设施设备，推广"猪—沼—果"、生态循环养殖、绿色农牧循环等绿色养殖模式，大幅提升养殖技术水平、降低人工成本。2022 年，全国母猪产出力（年出栏/上年年末能繁母猪存栏）平均 16.2 头，江西省达到 19.0 头，居中部地区第 2 位；生猪出栏率（年出栏/上年末存栏）江西省达到 182.1%，比全国平均水平高出 26.3 个百分点，居中部地区第 2 位。江西省每头母猪每年所能提供的断奶猪仔数量达 22.7 头、平均每头母猪每年提供的育肥猪数量达 21.6 头，比全国平均水平分别高出 3.0 头、5.0 头；全国平均料肉比（生猪增重 1 公斤所消耗的饲料量）约为 3∶1，江西省可控制在 2.9∶1 左右。

八是具有成为农旅融合强省的基础。江西省生态资源、文化资源、红色资源丰富，与农业农村发展结合，具有发展休闲农业、乡村旅游、健康养生、文化传承、科普教育等融合产业的潜在资源优势。以生态资源为例，江西省森林湿地面积超过全省面积的 2/3，大部分分布在农村，已建成各类自然保护地 542 处①，森林和湿地生态系统年综合效益为 1.49 万亿元，居全国前列。江西省是红色文化富集区域，有革命老区

---

① 其中：国家公园 1 个，自然保护区 190 处（国家级 15 处），风景名胜区 45 处（国家级 18 处），森林公园 182 处（国家级 50 处），湿地公园 109 处（国家级 40 处），地质公园 15 处（国家级 5 处，庐山、三清山、龙虎山为世界地质公园）。

（县）85 个，土地革命战争时期先后在江西省建立了中央革命根据地，以及赣西井冈山、湘赣、赣东北、湘鄂赣等大片革命根据地。江西省还拥有保存相对完整的农耕传统文化，积攒了深厚的历史文脉，孕育了山水文化、陶瓷文化、书院文化、戏曲文化、农耕文化、商业文化、中医药文化等特色文化，以及临川文化、庐陵文化、豫章文化、客家文化等地域文化。这使江西省具有成为农旅融合强省的潜在资源基础和优势。农旅融合产业是带动农产品销售、乡村产品和服务消费的关键产业，进而成为促进产业下沉乡村、收益留在乡村的产业载体。江西省农旅融合产业发展区域不均衡问题较为突出，婺源等个别地区农旅融合产业发达，其他地方发展较为滞后、产业规模较小，制约了绿色生态农业和优质农产品产业的高质量发展。

五　江西省建设农业强省的短板和挑战

推动江西省从农业大省向农业强省转变，需要对照农业强省的发展特征和功能定位，基于省域农业农村发展基础，分析江西省建设农业强省的短板、难题和挑战，为其发挥比较优势，塑造竞争优势，明确战略路径提供依据。国家层面建设农业强国的挑战在江西省都有所体现。就农业农村发展基础和资源禀赋而言，江西省建设农业强省在全国有一定的基础和优势，但相比周边农业农村发展基础较好的省份，特别是江苏省、浙江省、安徽省、湖南省等资源禀赋类似或存在替代性的领域，江西省还存在明显的短板。江西省推进农业强省建设必然面临省域间的竞争。因此，从整体上看，江西省具有了农业大省向农业强省迈进的厚实基础，但对照农业强国的共同特征和中国特色，要实现农业大省向农业强省转变，还存在亟待补齐的短板和亟需化解的挑战。

（一）资源环境压力持续趋紧，战略转型亟待突破

江西省从农业大省向农业强省的转型过程，也是从粮食大省向食物强省升级的过程，需要以全域开发食物资源为探索方向，建立多元化食物供给体系。实现这一转型，是江西省立足生态资源优势建设农业强省的必然选择，但面临资源环境压力和挑战。

一是耕地保护建设任务艰巨。江西省耕地流失问题较为严重，"三调"以来耕地面积由 4082.43 万亩减少至 4066.83 万亩，2019—2021 年净减少 15.6 万亩，有 22 个县（市、区）未完成耕地保护目标任务。上一轮规划耕地保护目标任务缺口 384.31 万亩，而"可恢复地类"中宜耕资源约 341.96 万亩，且多种植脐橙、蜜柚、油茶、中药材等，恢复耕地的社会和经济成本

很高。耕地开发后备资源严重不足，适宜开发为耕地的未利用地资源约 10 万亩，利用残次林地开发补充耕地受到限制，补充耕地难度越来越大。"十四五"时期，建设占用耕地面积预计 40 万亩，如不尽快拓展耕地后备资源，将无法满足项目建设占用耕地的补充需求。现有耕地中还有超过 800 万亩的"望天田"缺少有效的灌溉渠系。随着高标准农田建设的持续开展，耕地水源不足问题也逐渐凸显。把基本农田全部建设成高标准农田，江西省面临的难题不容忽视。

二是食物资源开发矛盾突出。把食物资源潜力变为食物产业优势面临资源环境保护与开发的协调难题。森林资源虽然丰富，但森林资源质量有待提高，森林结构不合理问题突出，森林火灾、松材线虫病等防治压力仍然较大。畜禽养殖产业发展的土地约束和环保压力突出，无法像以前那样通过补划占用基本农田、占用一般耕地新建养殖设施，畜禽养殖用地难问题短期内无法解决。鄱阳湖地区、五河干流、湖泊水库实行严格生态保护，划定畜禽养殖禁养区，压缩了畜禽养殖空间。随着资源环境约束趋紧，传统渔业生产方式受到限制，渔业发展空间不断压缩，湖泊水库等网箱全部退养，多地存在养殖历史的池塘因湿地规划而被迫退养的现象，生态渔业发展因此受到极大限制。这就需要政府层面探索贯彻"大食物观"的食物开发举措与生态环境保护措施的协调机制，实现生态保护与食物开发的良性循环。

（二）农业科技瓶颈明显，创新驱动亟待突破

江西省整体农业科技水平离农业强省要求相去甚远。2022 年，江西省农业科技进步贡献率与全国平均水平基本持平，但明显低于江苏、安徽、浙江、广东等省份水平（见表 1－9）。建设农业强省，补齐科技创新短板，坚持创新驱动是根本举措。江西省提高农业科技水平，亟须增强种业创新和科技创新力量，健全成果转化机制，进一步完善技术推广体系。

表 1－9　　　　江西省与周边省份农业科技进步贡献率比较

年份	全国	江西	湖南	湖北	安徽	江苏	浙江	福建	广东	山东	河南
2021	61.5	61.5	61.8	62.0	65.5	70.9	65.0	61.0	71.3	65.8	64.1
2022	62.4	62.5	64.0	63.0	66.0	72.0	66.0	62.0	72.0	66.3	66.3

资料来源：笔者自制。

一是农业科技创新力量不足。在农业高等教育、基础科研等领域，江西省相比周边省份是"洼地"。上海、浙江、江苏、广东、湖南、湖北等省（市）集聚了大量涉农高校和科技创新资源，且资金、人才、企业等集聚能力强。江西省现代农业发展急需的高端科技创新平台多布局在周边省份。江西省涉农领域国

家级科研平台仅有 6 个（湖北省为 13 个）。科研平台不足直接导致科研人员、资金等集聚不够，致使农业科技成果产出不足。江西省缺少农业领域战略科技力量，高层次科技创新领军人才匮乏，具有重大影响力的科学家不多，涉农领域两院院士仅 4 人（湖北省为 14 人，湖南省为 8 人）。

二是科技创新体系机制不活。产学研推用一体化建设滞后，省内科研院所与产业发展需求的结合度低，未形成围绕产业链部署创新链、围绕创新链布局产业链的创新驱动机制，导致创新链与产业链不能实现有效衔接。农业科研力量分散在不同部门（单位），省级和市级科研资源也未得到有效整合，"全省一盘棋"的农业科技创新格局尚未形成。各个科研机构争夺有限的科研资源，各自为战、过度竞争、低水平重复问题突出。很多地方特色品种研发强度不够。受论文和项目导向的评价机制影响，农业科研人员参与产业创新的积极性不高。涉农高校和科研院所专家团队牵头建立的农业产学研基地大多是挂名，与当地产业链发展结合不够紧密，且省外专业团队参与基地建设或发挥实质作用的不多。

三是种业创新不充分不平衡。江西省虽然拥有丰富的地方品种资源，但种业创新尚集中在个别产业领域，多数特色产业领域种业创新滞后，未将资源优势转化为产业优势。2012—2022 年江西省植物品种权授权总数为 683 项，在中部六省居于最后，不到安徽省（1419 项）的 1/2，主要分布在水稻、玉米、棉花、大豆等作物领域，仅水稻就有 508 项，授权结构十分单一。目前，尚未培育出一个具有自主知识产权、推广面积过百万亩的突破性农作物新品种。畜禽领域除地方原种鸡外，生猪、蛋鸡、牛羊等高端养殖基本是从国外引进品种，中低端养殖一般是从省外引进品种，多数畜禽养殖基本以原种对外销售，品种单一或杂乱，没有系统改良选育，尚缺乏市场认可的自主培育品种。近 10 年，国家通过公布的畜禽新品种、配套系共 115 个，江西省仅 1 个。① 水产方面，淡水鱼苗产量占全国不到 3%，绝大部分为四大家鱼常规品种，鲈鱼、鳜鱼、黄颡鱼等名优苗种大部分从外省引进，国审水产新品种少，还未培育出在全国具有影响力的水产种业企业。

四是农技推广体系尚待加强。机构改革后，职能弱化问题仍未解决，工作衔接不畅矛盾凸显。市县两级专业机构整合为综合机构后，专业化的纵向联动关系、横向合作关系被打破。整合后的农技推广机构与其他部门合署办公、交叉设置，很难依靠自身力量完

---

① 四川省、广东省、广西壮族自治区分别达到 13 个、12 个、8 个，湖北省、湖南省、安徽省也分别有 6 个、4 个、3 个。

成职责任务。乡镇机构被整合后，农技推广工作被边缘化，人员被抽调或从事其他工作，"兼业化"严重。基层农技队伍年龄老化、结构断层、专业水平低等问题仍然存在①，定向培养人员有相当一部分未直接从事农技推广工作。基层农技人员专业能力不强，以传统粮食、经济作物等方面技术人员为主，专精新技术服务跟不上，关键技术难以满足服务对象需求，特别是数字农业、"土特产"种植等。公益性农技推广与经营性服务融合发展机制尚未完全建立。受纪检监察部门监督影响，农技人员参与市场化农技推广服务的渠道不畅通。公益性农技推广机构与多样化农业生产需求不匹配，绝大多数市场性农技推广机构服务覆盖面相对较窄，无法解决区域性产业发展面临的技术难题。

五是农业科研投入保障不足。财政对农业科技投入长期处于较低水平，农业研发投入总量与农业大省地位不相称。2021 年，江西省农业领域研发投入 13.52 亿元，研发投入强度仅为 0.58%，与全国 1.70% 和发达国家 3.00%—5.00% 相比差距较大。省级现代农业产业技术体系每年投入经费 4500 万元，与江苏省的 1.3 亿元、山东省的 8000 多万元有较大差

---

① 县乡两级农技工作人员中 30 岁以下分别占 10.3%、21.7%，45 岁以上分别占 62.1% 和 51.9%。

距。2022 年、2023 年，江西省种业联合攻关累计安排经费 3200 万元，而湖南省安排经费 3 亿元。涉农企业研发投入积极性不高，如煌上煌集团 2022 年研发经费占营业收入的比重仅为 2.79%，低于广东圣农集团的 5.18%、湖南隆平高科的 11.46%、安徽荃银高科的 3.26%、湖北安琪酵母的 4.67%。近 10 年，省科学技术厅立项油茶科技研发项目 81 项，仅有 11 家企业参与其中的 19 项。

（三）多元主体散弱瓶颈突出，规模经营亟须突破

目前，江西省农业生产的标准化、规范化水平以及生产效率和成本控制等整体水平不高，制约了各类农业经营主体规模经营效益提升。2021 年，江西省第一产业劳均增加值为 5.5 万元，分别为广东省、江苏省、福建省、浙江省的 83%、73%、57%、51%。[①] 2022 年，江西省第一产业劳均增加值为 6.1 万元，高于全国平均水平（5.0 万元），但仅分别为广东省、江苏省、福建省、浙江省的 82%、77%、59%、53%。这主要是因为农业规模化、机械化、服务化、数字化、设施化、组织化、集约化发展仍然较为薄弱（见图 1 - 1）。

---

① 江西省生猪养殖成本为 15—17 元/公斤，略低于全国平均水平（16—19 元/公斤），显著高于欧美国家 10—15 元/公斤的平均成本。

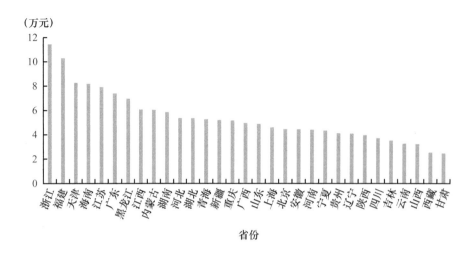

图 1 - 1　2022 年各省份第一产业劳均增加值情况

资料来源:《中国统计年鉴 2023》。

　　一是规模化短板突出。农业生产基本以千家万户分散经营为主。"小、散、弱"经营主体大量存在,传统生产方式仍占主流。新型农业经营主体虽然发展较快,但规模偏小,实力较弱,缺乏长远规划,抗风险能力弱,现代农业发展意识不足。如渔业方面,集中连片的大规模养殖池塘偏少,百亩以上池塘仅占23%。以家庭农场为代表的新型经营主体经济基础薄弱,新技术的开发应用和学习能力不足,难以持续扩大经营规模。

　　二是机械化短板突出。江西省主要农作物耕种收综合机械化率为 78.9%,低于全国平均水平 6 个百分点。农业机械化短板集中在水稻机插秧,经济作物、特色农业,丘陵山区以及农业产业链的烘干、加工、冷链环节。推进农业机械化的主要障碍是"无机可用"，丘陵山区特色经济作物生产所需机具缺乏，如水果采摘机、茎叶类及茄果类蔬菜收获机和油茶果采摘机等，现有油茶林中使用农机开展抚育管理的面积仅占0.87%[①]；"有机没法用"，主要是由于农机具的通行条件差，如果菜茶园宜机化程度不高、丘陵山区农机通行不便、电力通信设施影响机具通行等。江西省农业生产"无机可用"的症结在于面向省内的农机工业发展滞后，支撑现代农业产业体系的农机装备工业产业尚未形成。江苏、浙江、湖南、广东等省份都是农机工业大省，江西省农田里跑的农机基本从外省引进。这造成适宜江西省丘陵山区和土壤性状的农机装备短缺问题突出，农机适用性不强导致使用效率不能充分发挥。

三是服务化短板突出。农业生产经营和全产业链的服务化是农业现代化的必然趋势。江西省农业社会化服务发展层次不高，农业服务组织和机构人员力量薄弱的状况仍未有效改变，市场服务组织难以做强做大，不能形成固定人员，多数服务企业都是在生产季节聘请临时工人，服务质量不稳定，提供全程、综合

---

① 油茶种植环节只有清山整地可以选择挖机作业，后期的抚育管理除了割草（灌）机，还未研发出适宜油茶林地使用的耕地、施肥和茶果采摘机械设备。

服务的能力欠缺。如油茶产业服务组织中营造林专业队伍较多，懂油茶种植的专业队伍少，专业的油茶栽培管理、修剪队伍少。缺乏专业化服务支撑，单靠农户经营管理，油茶产量不稳定、销售渠道不稳定、种植收益不稳定。

四是数字化短板突出。数字化是智慧农业发展的基础。目前，江西省农业数字化瓶颈在于基础设施薄弱，部分边远农村地区存在网络信号盲区，数据采集困难、资源分散、不够精准等问题普遍存在；各类信息化管理平台建设不完善，缺乏统一标准和规范体系，重复建设问题突出，物联网设备或管理平台之间无法实现共联共享；信息数据完整性不足、关联度不高、碎片化严重、"信息孤岛""数字壁垒"等现象普遍存在。数字技术与现代农业融合不深，视频监控、在线监测、智能控制等现代化智能设施设备覆盖率低，在现代农业产业链、供应链推广应用的瓶颈亟待突破。

五是设施化短板突出。现代农业产业链的仓储、加工、流通设施建设亟须扩面提质，农田建设质量亟待提升，"土特产"生产设施建设明显不足，对现代设施农业发展支撑不够。油茶方面，只有少数油茶基地修建了道路、水电等基础设施，配备节水灌溉设施的基地不足10.0万亩、仅占0.59%；主干道实现水泥硬化的油茶林面积27.9万亩、仅占1.80%。渔业方面，大部分养殖池塘老化严重，现代渔业和健康养殖所需的自动化生产、尾水处理、冷藏保鲜等渔业设备建设不足。

六是组织化短板突出。支撑现代农业发展的组织化机制尚局限在较小范围内，组织小农户发展现代农业的机制尚未普遍建立起来。新型农业经营主体协同参与现代农业发展的组织化机制质量不高。龙头企业、种养大户、农民合作社、家庭农场等各类农业经营主体，在各自机制内发挥作用，优势未得到充分整合，产业化的运营机制、组织机制未完全形成。农业生产的上下游产业链没有较好的衔接。纵向、横向之间的合作途径不宽，制约了现代农业的发展档次。

七是集约化短板突出。集约化生产经营是效益实现的基本机制。总体上看，各类农业经营主体集约化生产经营意识不强，受要素制约的粗放经营普遍，不少小农户采用"靠天吃饭"的传统经营方式。这在水利工程设施建设和发展节水农业方面体现得更为明显。农田水利工程建设仍以明渠输水方式为主，用水方式比较粗放，灌溉渠道的坍、漏、溢、堵等问题极为突出。在干旱频发、水资源日趋紧张的当下，节水优先理念亟须推广。

（四）标准规范普及障碍较多，质量提升亟待突破

打造区域性优质农副产品生产和供应基地是江西

省建设农业强省的主攻方向，关键是推广普及标准化、规范化、绿色化的生产方式。农产品质量优势是江西省建设农业强省的根基。然而，标准化、规范化、绿色化生产方式的推广普及，面临经营主体规范生产意识不足、标准规范落地性不好、产品认证机制不健全等多方掣肘，致使江西省优质农产品生产和供应优势尚未体现出来。目前，江西省认证绿色食品1845个，居全国第14位，但优质农产品供给不多，尤其是市场认可、质量溢价的农产品不多，与全国首个部省共建绿色有机农产品基地试点省地位仍不匹配。

一是规范生产意识不足。多数经营主体，尤其是小规模主体对规范生产的认识和应用不足，仍停留在简单保留传统的生产方式上，认为"不打农药、不施化肥、使用农家肥"就是有机绿色，导致农产品质量得不到保障。如不少农业生产主体农药间隔期、兽药休药期落实不严，违法使用禁限用农兽药、超范围超时限超剂量使用常规农兽药还时有发生。不少标准化生产基地，为了"达标"，只是按照"三上墙、三到户"① 要求，把标准挂在墙上、印在册上，实际上并未落实到生产过程。不少小农户

---

① "三上墙"指操作规程上墙、投入品科学使用上墙、风险等级上墙，"三到户"指农业技术推广服务到户、农业标准化生产手册发放到户、投入品科学使用宣传到户。

生产的农产品，因为未采取标准化技术方案，质量不达标问题普遍。

二是标准落地应用不足。农业标准化重数量轻质量、重制定轻推广现象比较普遍，存在制标贯标"两张皮"问题。江西省738项地方农业生产技术标准中，部分只是科研人员因评职称需要而制定的，实操性不强，落地性不好，缺乏对质量提升的促进作用。由于技术人员下沉一线推广应用不到位，不少标准尚未被生产主体认知到。

三是制度规定执行不足。江西省推出了食用农产品承诺达标合格证制度，但相关制度执行并不严格，市场索证索票等制度落实不够有力，未携带食用农产品承诺达标合格证上市的现象还比较普遍。2023年上半年，合格证出具率为77.6%，"四必链"① 信息完整率仅为38.2%。

四是质量证明机制不足。农产品的"优质优价"需要借助与市场体系高度融合的质量认证、信息追溯等制度机制。目前，这些制度机制尚未完全建立起来，导致优质农产品无法在市场中简单便捷地被识别。这是江西省农产品"优质优价"难以实现的关键原因。

---

① 推行"区块链溯源＋合格证"合二为一，落实企业信息、农事记录、检测结果、巡检报告"四必链"，形成溯源二维码，消费者可以随时扫码查询农产品信息，了解、追溯产品来源和交易信息。

（五）产业链条短板瓶颈较多，综合效益亟须突破

农业产业综合效益和市场竞争力取决于加工、市场、品牌等产业链环节。建设农业强省，需要强大的加工、市场、品牌支撑，才能形成现代农业产业集群发展优势。然而，江西省现代农业的加工、市场、品牌等尚未形成比较优势，相比周边省份甚至显现明显的竞争弱势。部分农业企业凭借区位优势实现了较好效益，但受农产品精深加工水平不高、品牌影响力较弱、市场认可度不显、营销渠道较窄、冷链物流体系不健全等因素制约，农产品价值提升幅度小，"好产品卖不出去、卖不到好价钱"的问题普遍。不少地方还停留在用传统粗放方法抓产业发展阶段，缺乏全产业链系统思维，导致农产品结构不优，基本以初级产品销售为主。这与江西省现代农业产业化经营层次不高，龙头企业规模实力不强，产品加工程度较低、附加值不高，市场体系和品牌体系建设滞后相关。

一是龙头企业规模实力不强。龙头企业对产业化经营发挥了关键引领作用。江西省具有竞争优势的生猪、脐橙、鳗鱼等产业，关键靠龙头企业引领支撑全产业链高质量发展。目前，江西省农业产业化龙头企业整体实力还不强，超10亿元的仅有50家，数量远低于周边省份。不少具有规模优势的产业因缺少龙头

企业产业导致优势发挥不出来。如山茶油加工以小作坊为主，多而杂，有营业资质的小作坊 300 多家，无资质的小作坊约 3600 家，小作坊生产的山茶油约占总量的 70%。国家、省级林业龙头企业虽然分别有 16 家、74 家，但资产规模均在 2 亿元以下，年销售收入 1 亿元以上的企业仅 13 家，且以生产其他食用油为主，还没有一个以油茶产业为主导的产业集群或园区。

二是精深加工不强。江西省农产品加工布局比较分散，结构不够合理，初加工多，深加工少，加工水平低，高附加值的精深加工还未真正起步。2022 年江西省农产品加工业总产值 6168 亿元，为中部发达省份的 1/2 左右。① 畜禽养殖方面，畜牧业产值与畜产品加工产值比仅为 1∶1.5（全国为 1∶2.2），畜禽屠宰企业多但小，全流程机械化生猪屠宰仅占 30%，以活畜禽调出、省外加工为主②；渔业方面，仅有部分烤鳗、小龙虾、四大家鱼加工企业，其他特色鱼类加工企业极少，高附加值水产精深加工几乎空白；油茶方面，由于关键技术未取得突破，除食用油外，技术含量高、附加值高的精深加工产品少，油茶果剥壳烘干初加工

---

① 2022 年，全国农产品加工转化率达到 72%。2022 年，湖北省农林牧渔业总产值 8939.3 亿元，规模以上农产品加工业产值超过 1.33 万亿元。

② 如活牛销售每头利润 3000 元左右，将牛分割分级、深加工后销售，每头牛利润提高到 1.25 万元以上。

能力仅占 5%。不少特色农产品纳入了国家地理标志产品，由于缺少精深加工，产业一直发展不起来。高端产品省外加工、返销省内的情况一直存在，导致产业发展空间和增值收益不能最大限度地留在本地，制约了产业振兴促进农民增收的作用发挥。

三是市场体系不强。江西省农产品市场主要是"过路"市场①，对省内农产品销售的带动作用较弱。如南昌深圳农产品交易市场年出货量 500 万吨，省内农产品极少，150 万吨水果出货量中省内水果仅占 5%；南昌的山姆会员店中只有 3 种生鲜蔬菜（2 种为食用菌）来自省内。江西省集线上、线下、仓储和冷链物流、相关服务于一体的综合性交易平台较少，本地企业定价话语权微弱。服务本省的政策性粮食交易平台"公益"属性不够突出，社会效益和经济效益较难统一，统筹能力较弱，市场化交易尚未开展，对本省特色农产品交易服务不够。江西省多层次市场渠道缺乏有效整合，销售主体无序竞争问题普遍，营销方式传统单一，产品混杂、良莠不齐，高端销售渠道少，优质产品的市场认可度低。而且，从事电子商务、文化旅游、专业服务等方面的市场主体较少。

四是品牌培育不强。"土特产"土而不精、特而不

---

① 畜禽及其产品主要销往省外，主要饲料原料依赖省外市场，玉米、豆粕年调入量约 800 万吨，约占当年江西省粮食产量的 37%。

多、优而不响的矛盾突出。这与品牌种类多但品牌质量参差不齐、未形成"组合拳"优势有关。农业品牌散、小、弱问题依然存在，企业品牌、产品品牌影响力不强，"鄱阳湖"公共品牌在全国影响力仍然有限。多数农产品加工企业为作坊式经营，没有统一标准，品牌意识薄弱。如山茶油品牌多而散，山茶油公用品牌刚起步，赣南茶油、上饶山茶油、袁州茶油等市县区域公用品牌定位雷同，宣传推广各自为战，未形成品牌合力，品牌溢价难以实现。

五是服务支撑不强。现代农业的产业韧性和竞争能力取决于产业链、供应链的公共服务支撑。目前，全国层面为农业产业链和供应链提供支撑的公共服务体系不健全，已经是农业强国建设的关键瓶颈。江西省也面临这一问题，如支撑养殖业的基层防疫体系不健全。机构改革后各级畜牧兽医机构被削弱，机构设置与力量配备难以满足实际需要，检验检测、无害化处理、防疫等服务覆盖不足，人员力量与工作任务不匹配，专业素质与发展需求不匹配，难以应对稳产保供、动物防疫、检疫监督、屠宰监管等面临的新问题、新挑战。渔业推广系统并入农业推广系统后，省鄱阳湖渔政局被撤销，地方渔政执法部门基本并入农业行政综合执法队伍，基层人员分流、老化严重，渔业服务、渔政监管体系和支撑保障能力缺失。以乡镇为单位的粮食收购仓储布局不适应现代粮食收购、运输要求，不能达到集约化高效利用的目的，也不利于仓储安全保管。符合现代保粮要求的仓库占比低，并且绿色储粮保粮和物流设备设施不完善。

(六) 体制机制掣肘瓶颈较多，深化改革亟待突破

江西省加快建设农业强省，需要着眼未来化解制约农业农村现代化的深层次体制机制阻碍。

一是要素市场配置机制不畅。土地流转市场尚不完善，流转价格持续攀升，不断压缩规模种粮利润，增加耕地非粮化压力。一些地方土地流转仍以口头协议为主，部分地方对工商资本流转土地审核监管不严、不当，存在风险隐患。有实力、有资本、有技术的企业或大户对流转承包地仍心存顾虑，担心农民毁约。

二是资源盘活利用机制不畅。乡村产业发展用地供需矛盾紧张。受耕地红线、生态红线等影响，可用于乡村产业发展的建设用地和设施用地少，部分乡村产业项目因用地问题建设进度缓慢。江西省农村宅基地等闲置土地较多，守着土地资源不能用的矛盾较为突出。

三是联农带农机制尚不健全。多数小农户主要从事农业生产环节，参与加工增值程度低，与产业链主体联系不紧密，很难分享全产业链增值收益。部分龙

头企业、农业合作社长期大面积租种农户耕地，除支付租金外，较少与农户发生经济联系。虽然出现了一些新型产业化经营模式，但在实际生产中并未充分发挥应有的带动作用。不少农业产业化联合体依靠政府主导推动，内生联合机制尚未形成，仍停留在简单的购销合作层面，资源共享、要素整合、创新集聚、利益联结等深层次合作发展机制普及面较小，制约了联合体组织方式和发展机制的持续升级。

四是产业协同联动机制不畅。各部门相关政策不衔接、不配套等问题比较突出，政策的系统性、协调性不够，项目资金分散，不同产业发展相互冲突。渔业养殖方面，早稻任务影响稻渔综合种养，导致面积增速急剧下降。渔光互补项目侵占养殖水面或破坏养殖功能问题较为突出。油茶方面，资源保护、造林在林业部门，产业发展尤其是第二、第三产业发展由林业和农业部门交叉管理，资金项目在农业部门，导致扶持油茶二产、三产发展的政策很少，难以得到农业产业政策支持。油茶产业水肥一体化等基础设施、产业示范园区、油茶服务中心等公益性、示范性投入没有财政资金扶持。粮油、渔业、林业、养殖及特色产业之间的协同联动已经成为影响农业强省空间布局的关键因素。

五是防灾应急保障机制不畅。近年来，自然灾害呈多发态势，对农业生产造成很大影响。特别是邻江邻湖区域，旱涝灾害频发，对粮食生产影响较大。2022 年，江西省发生了罕见的持续旱情，暴露出防灾减灾和应急保供等方面的短板，亟须适应自然灾害发生趋势变化，健全防灾减灾和应急保障体系。

六是金融支撑农业机制不畅。目前，政策性种植业和养殖业保险仅覆盖大宗粮食、能繁母猪、育肥猪、奶牛和肉牛，其他经济作物、禽类和水产还未被纳入政策性保险，风险保障问题较为突出。农户普遍缺乏银行认可的有效抵押物，无法进行抵押贷款。土地使用权、农机具和仓储物资等抵押质押贷款还停留在探索阶段。农业金融产品难以匹配经营主体实际需求，贷款产品大多为流动资金贷款，周期短、利率高，不符合农业生产周期和经营特点。

七是水利设施建管机制不畅。江西省耕地灌溉主要依靠小微型水源工程。小型农田水利项目资金整合用于高标准农田建设后，只能用于农田项目区内的工程建设，水利资金只能用于大中型灌区。高标准农田之外的小微灌区"五小"水利工程的建设及维护基本无固定投入，导致一批储水供水功能薄弱的山塘、陂坝及灌区末级渠系不能得到及时修复改造，影响农业生产和农民生活。小型农田水利工程管养维护经费未能建立长效资金保障机制。农业用水水费收缴率低，征收资金远低于农业供水运行成本，农田水利基础设施管护经费缺口较大①。灌区骨干工程建设与高标准农田小型水利工程统筹协调不够②，项目实行分头管理，缺乏一张图设计、一盘棋谋划，农田水利灌溉供给与需求对接不够精准，有的农田无水可灌，"靠天吃饭"。

八是政策落地执行机制不畅。不少促进现代农业和乡村产业发展的政策难以落实到位，尤其是土地、资金等方面。2020 年，制定了 8 条支持油茶产业发展的政策，但除提高油茶种植补助标准和开展油茶特色农业保险政策外，其余政策，包括落实经营主体奖励、支持产业关键技术研发应用、支持示范园区和示范县建设、支持油茶林区基础设施建设、扶持油茶加工企业发展、加强油茶品牌宣传推介均未得到有效落实。

六 江西省建设农业强省的战略谋划

周边省份与江西省资源禀赋类似，在部分领域甚至比江西省更有竞争优势。探索农业强省建设之路，

---

① 某县有效灌溉面积40 万亩，2022 年水利工程灌溉水费征收标准为 30 元/亩，实际收缴水费比例仅为 5％。
② 大中型灌区骨干工程续建配套与节水改造和高标准农田建设分别由不同的资金渠道支持并独立实施，地方落实项目时分别由不同部门负责。

需要立足实际、找准定位、明确方向、抢占先机、整合资源、精准发力、错位发展。农业强国的中国特色在江西省都有所体现。江西省谋划建设农业强省，要以农业强国共同特征为参照目标，以农业强国中国特色为原则导向，科学研判建设农业强省的战略目标、时间进度、空间布局、产业结构和重点任务。

（一）战略目标

江西省的资源禀赋和比较优势决定了江西省要建设的是综合但有特色的农业强省。综合型农业强省是指农业产业具有较强的综合实力，粮油、畜禽、蔬菜以及"土特产"供给较为全面也具有综合优势。当然，江西省要建成的农业强省不一定强在农业产业的体量规模上。江西省农业产业规模处在全国中等偏上水平，相比江苏、广东、浙江、湖南、安徽等周边省份，农业产业体量规模有一定差距。江西省要建成的农业强省，综合实力是基础，竞争优势主要体现在农产品质量和多元食物供给能力上，以及由此决定的农业产业链综合效益和市场竞争力。江西省建设农业强省要抢占的先机是贯彻落实"大食物观"，在建设食物强省方面取得突破，形成与周边省份的比较优势和竞争优势。因此，江西省要建设的农业强省的突出特色是食物供给能力和农产品质量。

　　综上所述，着眼支撑农业强国和体现江西优势，江西省应立足发挥生态资源和地理区位优势，通过发展现代化大农业，全区域、全链条统筹开发食物资源，全面提升粮食和重要农产品生产供应能力，高质量发展"土特产"，建设粮食保障充分、食物供给多样、质量优势突出、产业精致高效、联农富民显著的农业强省，建成面向东南经济发达区域、覆盖南方丘陵山区和长江中下游、辐射全国的区域性优质农副产品生产和供应基地。

（二）时间进度

　　与建设农业强国一样，建设农业强省也是一项长期而艰巨的历史任务，要分阶段扎实稳步推进，以钉钉子精神锲而不舍地干下去。江西省农业农村发展的整体水平，决定了江西省建设农业强省的时间表，与建设农业强国的步调基本一致但适度超前。对照"未来 5 年'三农'工作要全面推进乡村振兴，到 2035 年基本实现农业现代化，到 21 世纪中叶建成农业强国"的总体部署，江西省建设农业强省总的时间表，应该是力争到 2025 年农业强省建设取得明显突破，到 2035 年基本建成农业强省，到 21 世纪中叶全面建成农业强省。作为农业强省，江西省要通过打造农业农村现代化的"江西样板"，探索农业农村现代化的先行经验。

因此，江西省推进农业强省建设的总体进度要比时间表适度提前，未来 5 年、2035 年、21 世纪中叶的时间节点要求是针对薄弱环节、领域、区域而言的，要视具体产业、具体区域区分不同情况，取得农业强省建设的率先突破。例如：水稻产业、脐橙产业在未来 5 年应取得突破，实现产业质量全面提升，充分体现"强"的特征；适合发展现代化大农业的区域、竞争优势明显的"土特产"也应瞄准先进地区，率先取得"强"的突破，成为建设农业强省的示范样板、引领力量。

（三）空间布局

建设农业强省需要在空间上进行不同维度的分解以分类推进，如优势产区、农业强市等。实现农业现代化不一定意味着实现农业强省，对于市县而言同样如此。省域内，不同市县的资源禀赋和发展基础不同，在农业强省中的功能定位和发展导向也不同。这就需要科学谋划农业强省在市县层面的空间布局，以不同区域单元的协同协作更好地推进农业强省建设。

一是主体功能分解。农业强省在省域空间层面可分解为先行试验区、模式示范区、配套支撑区。先行试验区，主要承担农业强省的前瞻性探索任务，部署重大的改革试验、试点工作，为模式推广创造先行经验。模式示范区，即富有江西特色的模式、做法等的推广区域，起到示范展示农业强省特色优势作用的区域。配套支撑区，即先行试验、模式示范的作用发挥较弱，但为农业强省提供不可或缺的资源要素的区域。有些区域没有"强"的现代农业产业，但为邻近区域提供了紧缺要素支撑，如乡村旅游对农产品销售的带动，种业、科技、装备等对农业产业的带动。配套支撑区的现代农业产业可能不强，却是乡村全面振兴的典范。

二是行政区域分解。按照行政区域分解农业强省建设任务，可以为不同层级开展农业强省建设提供工作抓手。要依据农业强省的战略目标和产业结构，分领域、分产业、分环节把农业强省建设任务分解到市、县、镇、村层面。因此，要组织开展农业强市、农业强县、农业强镇、农业强村的创建评选工作。创建评选的参照，可以国际、全国、省内等不同层次为标准。

三是产业区域分解。农业强省建设需要落实到具体产业上。农业产业与地理环境高度相关，具有显著的区域性。要把农业强省按照产业进行区域分解，合理确定不同产业的区域分布。这有利于更好地发挥产地资源环境优势，提高产品质量，做好"土特产"文章，形成产业集群或产业链。如粮食产业主要布局在平原区域，脐橙产业主要布局在赣南区域，农旅产业主要布局在赣南、赣东北及省内大中城市周边区域。要按照"土特产"要求，科学确定地域产品边界，合理界定核心产区、优势产区，严格划定边缘产区，为建立"土特产"全链条发展机制奠定基础。产业区域层面的分解可以跨行政区，如粮油产业分布在多个市域。跨行政区的产业要避免行政化、条块化分割，着重探索以产业为单元的现代农业和"土特产"发展推进机制。

（四）产业结构

农业强省需要具体的"强"产业支撑。如前所述，支撑江西省成为综合又有特色农业强省的产业构成有如下七个方面。

一是粮食产业强省。主要是水稻产业，既要满足本省城乡居民的优质粮食需求，也要面向周边中高端市场群体供应优质粮食。

二是油料产业强省。主要是油菜和油茶产业，要成为在全国具有竞争优势的省域特色产业。

三是畜禽产业强省。主要是生猪、肉（蛋）鸡和水禽、特禽养殖。生猪、肉（蛋）鸡产业发展重心是质量调优，结构升级，降低资源消耗强度和对生态环境影响，成为区域性优质农副产品生产和供应基地的优势产品；特禽养殖主要是鹌鹑、肉鸽、蜜蜂及地域性的特色禽类，在优势产区产能扩大产值规模的同时，着重延伸产业链，提高产业发展层次。

四是蔬菜产业强省。主要是蔬菜和水果，水果以赣南脐橙和地域性特色水果如蜜橘、甜柚等为主。

五是林业产业强省。除油茶、水果产业外，主要是竹产业、林下经济及森林经济新业态，如森林食品、生态旅游、森林康养等。

六是内陆渔业强省。包括四大家鱼、小龙虾、鳗鱼、泥鳅、黄鳝、乌鳢、黄颡鱼、鳜鱼、甲鱼、河蟹等，不断提升鲈鱼、大鲵、鲟鱼等名优特品种的养殖能力。

七是农旅产业强省。目前，农旅产业是农业强省产业构成中的短板，也是必须加快补齐的产业领域。长期来看，要把建设农旅产业强省作为攻坚方向之一，发挥农旅撬动整个农业产业发展的作用。

此外，江西省应以打造"土特产"强省为目标，大力发展地域性的特色农业。每个县因地制宜选准1个或2个优势特色产业，跳出单纯追求规模扩大、产品外销的惯性思维，做精、做细、做优特色产业，以产品质量和消费场景优势吸引中高端消费群体到产地消费，做到产业留在乡村、收益留给农民、繁荣县域经济。

（五）重点任务

建设农业强省，凸显产业"强"的特征，并不是简单地通过资金投入壮大产业规模、提高产业层次，而是按照现代农业产业的发展规律塑造产业综合竞争优势。江西省农业产业从大向强转变的瓶颈在于如何实现"优质优价多销"，让目标市场认可接受江西省农产品，形成江西省农业产业的独特竞争优势。要在牢牢守住粮食安全底线、全方位夯实粮食根基的基础上，围绕质量提升和优质优价，坚持以市场思维、创新思维、互联网思维推进农业产业化①，从要素、生产、加工、质量、市场流通、品牌、农旅等全链条着手，固底板补短板强优势，建立现代农业产业链、供应链、价值链的全链条服务保障体系，畅通创新驱动、内生催动、市场引领的现代农业产业高质量发展机制，有效支撑农业产业化和农村一二三产业融合发展，加快构建体现江西特色和优势的现代农业产业体系。

一是建强要素支撑体系。以科技创新、装备升级、专业服务为抓手建立农业强省的要素支撑服务体系，为农业强省建设源源不断导入优质要素。坚持不求所有但求所用的原则，吸引省外科技成果和装备设施转

---

① 向上带动种养业调结构、扩规模、提品质、增效益，向下带动农产品冷链物流、品牌打造、市场拓展，横向带动科技、人才和创新。

化应用、熟化推广，努力建成种业、科技和装备成果转化和推广应用强省，以补齐科技和装备研发短板。经过一个时期的努力，逐步转变战略重心，以成果转化和推广应用促进科技创新力量集聚提升，进而建成科技创新和装备设施强省。同时，注意顺应现代农业产业链的服务化趋势，建立健全专业化社会化服务体系，培育农业生产性服务战略性产业，畅通品种、科技、装备、农资、智力、模式、理念等先进要素导入农业产业链的通道。

二是建强规范生产体系。补齐农业生产的机械化、数字化、设施化短板，推进适度规模经营和专业化服务机制创新，广泛应用标准化、规范化的绿色高效生产模式。推广现代农业生产理念与技术，拓展以粮棉油糖为重点，兼顾支持开展经济作物、畜禽水产养殖等领域的社会化服务，鼓励农业社会化服务组织由单一服务转向全方位服务。引导有条件的市场主体建设区域性农业全产业链综合服务平台。

三是建强加工增值体系。加工是农产品增值的重要途径，是农业产业链强的重要标志。建设农业强省必然要补齐加工短板，推进延链增值，做强农产品加工业，提高农产品附加值。但从价值增值的角度来看，为产业高质量发展提供持久动力的价值增值应是能够把产业和增值留在当地的价值增值方式，这样才能调动产业链各方主体的内生动力。要着眼于满足市场需求，延长农产品产业链，发展农产品加工、保鲜储藏、运输销售等，打造为广大消费者所认可、能形成竞争优势的特色产品。值得注意的是，不能盲目追求加工层次和规模。这样反而容易造成产品滞销、以次充好、量增价跌。同时，打开视野用好当地资源，开发农业产业新功能、农村生态新价值，发展生态旅游、民俗文化、休闲观光等，以体验式、创意式消费带动农产品价值提升。应分类推进农业产业链延伸，粮食、生猪等大宗农产品和省外以市场销售为主的农产品可以做强做优加工产业，消化省内外原料，为当地创造更多的产值、税收、就业机会等；"土特产"要走加工与农旅融合发展的道路，做精做细农产品加工，体现农产品的文化、健康等多重价值，引导"地产地消"，把农产品增值收益更多留在农村、留给农民。

四是建强质量证明体系。农业生产过程信息不透明、不对称，需要客观、公正、真实的专业体系为消费者提供农产品质量证明。这是品牌塑造的基础支撑。江西省农产品的质量优势要转化为发展优势，亟须建立由全程信息追溯、质量控制和信息呈现构成的质量证明体系。国内已有很多从事信息追溯和质量证明的专业公司，其在品牌塑造和产品经营中发挥了重要作用，为提高终端销售产品价格提供了有力支撑。消费者"扫码"就可以了解产品质量信息，获得对产品的质量信任。江西省要在健全农产品质量安全监管体系的基础上，着手建立覆盖全域的质量证明体系，培育质量鉴证主体，推广全程信息追溯。这属于现代农业产业发展的基础工程，是单一企业主体无法完成的，必须由政府主导推动，以市场化运营、公益性服务的新机制实现质量证明体系的可持续发展。

五是建强市场流通体系。江西省应以农产品市场强省为目标，充分发挥地理区域优势，加快对接和引进一批全国知名供应链企业，建设有全国影响力的区域性农产品市场，解决长期缺乏定标权、定价权、定购权问题。一方面，要重点面向长三角、珠三角等人口稠密区和高端市场富集区，依托骨干物流网络和交通枢纽，建设农产品中转市场，配强仓储、加工、分销产业，全方位提升农产品市场供应能力，提高对农产品市场价格的影响力；另一方面，要大力加强"地产地销"市场体系建设，提高市场服务能力，带动本地农产品加工和销售。此外，要提高"过路"市场中本省农产品销售占比，积极开拓中高端市场渠道和线上销售平台，为实现优质优价提供市场体系支撑。

六是建强品牌培育体系。要努力建成农业品牌强省，通过品牌为实现优质优价提供保障。转变简单以品牌登记、产品授权和宣传推广等做法为主的品牌培育模式，把品牌培育作为一项基础性、公共性的重大工程来抓，建立支撑全省农产品品牌发展的公共服务支撑体系。核心是贯彻"土特产"逻辑，围绕省域品牌培育，建立全程标准体系、质量鉴定体系、品牌运营体系、产品研发体系、授权管理体系、营销推广体系、产权保护体系、创业孵化体系、公关应急体系等，真正把省域品牌打造成优质农产品、特色农产品的形象代表。要严格产品授权和质量管理，杜绝贴标贴牌和以次充好、制假售假等乱象；要整合市县公共品牌、企业品牌和产品品牌，纳入统一的品牌培育体系，形成品牌联动发展，打造品牌集群。

七是建强农旅发展体系。发展农旅可以把消费者吸引到产地对农产品进行消费，带动了乡村人气，也把产业和收益留在了当地、留给了农民。这是"土特产"的重要逻辑。目前，农旅发展较好的四川、浙江、江苏等省份，都通过农文旅融合发展带动消费者下乡消费农产品和服务，做出了农产品名气，促进了乡村产业振兴和经济繁荣。江西省的生态资源、文化资源等优势突出，但农旅产业发展相对滞后。这表明，农旅是建设农业强省的重要潜力所在。应以建设农旅强省为目标，学习四川、浙江、江苏等省份经验，实施农旅强省战略。要充分挖掘江西省农业农村的旅游文化资源，讲好文化旅游故事，做好"土特产"文章，融合农文旅、游玩购、康养学，推动乡村文化、休闲、旅游、康养等新业态高质量发展，打造符合不同消费人群的消费场景和业态，增强产地消费吸引力。

七　江西省加快建设农业强省的政策建议

按照前述战略目标、空间布局、产业结构、重点任务推进农业强省建设，就是要坚持农业农村优先发展，全方位夯实粮食安全根基，贯彻落实"大食物观"，以乡村全面振兴和农民共同富裕为导向，全域开发食物资源，做实做响做强"土特产"，以产业兴农、质量兴农、绿色兴农为理念，实施农业产业化新战略，因地制宜发展优势特色产业，把农业建设成为大产业，培育新产业、新业态，推动农村一二三产业融合发展，打造区域性优质农副产品生产和供应基地。同时，锚定建设农业强省目标，发挥生态优势，开发乡土资源，统筹农村产业发展、公共服务、环境整治、乡风建设，全面推进乡村振兴，增强内生发展动力，探索具有江西特色的内生型创新驱动农业强省建设之路。

（一）全方位夯实粮食安全根基

以打造区域性优质农副产品生产和供应基地为契

机，统筹粮食生产功能区、重要农产品生产保护区和特色农产品优势区建设、粮食主产省粮食综合生产能力建设等，争取设立全国粮食和绿色农产品供应基地建设改革试验区，牢牢守住粮食安全底线，创新利益补偿和产业发展机制，稳定水稻种植，扩大油料作物、大豆生产，丰富"菜篮子"产品，构建多元化食物供给体系，全面提高重要农产品供给能力，为保障国家粮食安全贡献更多"江西粮"，为丰富城乡居民餐桌拿出更多"江西菜"。

一是压紧压实稳产保供责任。压实粮食安全党政同责、生猪省负总责和"菜篮子"市长负责制，夯实重要农产品稳产保供基础。深入实施"藏粮于地、藏粮于技"战略，千方百计稳面积、攻单产、优结构、增效益，切实提升粮食综合生产能力。推动"设施蔬菜上山"，破解"选地难"和"与粮争地"的难题。

二是加强改进耕地资源保护。落实最严格的耕地保护制度，全面提升耕地保护水平和自然资源保障能力，构建耕地数量、质量、生态的"三位一体"保护机制。压紧压实耕地保护责任，逐级签订耕地保护责任状，严格落实"党政同责、严格考核、一票否决、终身追责"要求。优化耕地、园地、林地等空间布局，拓展耕地后备资源，源头管控建设占用耕地，推进节约集约用地。严格遵守与耕地利用和保护相关的制度，尤其是重大工程项目建设占地、取土等涉及耕地的制度规定、法律法规，全面排查耕地保护和监管的制度漏洞、流程短板，及时堵住漏洞、完善流程、强化责任。统筹推进永久基本农田划定成果核实处置、审计发现问题和耕地占补平衡专项整治等工作。推行耕地全覆盖、全时段的监测监管，建立健全执法和督察工作机制。严格耕地用途管制，落实永久基本农田特殊保护，坚决遏制耕地"非农化"、有效防止耕地"非粮化"。持续推进高标准农田建设，一体推进高标准农田新增建设和改造提升，因地制宜创新开展旱地高标准农田建设，以丘陵山区为重点推进农田宜机化改造，到 2035 年将永久基本农田全部建成高标准农田，为实现粮油等主要作物大面积单产提升创造条件。

三是加强农田水利基础建设。做好农田灌溉发展规划，加快形成农田灌溉"一张图"，以水利设施为重点改造中低产田。加快推进灌区续建配套与改造，强化大中型灌区建设，支持有条件的地方将相对集中的小微灌区整合为中型灌区项目，实现大中型灌区全面覆盖高标准农田。推进小型农田水利基础设施建设，整合相关涉农资金，统筹用于"五小"工程建设管护，推进万座重点山塘加固整治。推进灌溉渠系管道化，扩大低压输水管道应用范围，提升农田灌溉水有效利用系数。坚持"灌区下延、高标上接、地方统筹"，协同推进项目建设和工程管护，实现田间灌排水设施与灌区骨干渠道连通到位，落实管护主体和分担机制，探索政府购买服务、专业化物业式管理方式。健全与投融资体制相适应的水价形成机制，提高农田水利项目融资能力。

四是提升农业综合生产能力。把粮食增产的重心放到大面积提高单产上，构建完善稳粮有责、强粮有技、兴粮有方、保粮有力的工作体系。科学规划粮油和经济作物布局，深挖冬闲田潜力扩种油菜。积极发展优质稻种植，因地制宜发展再生稻、稻渔共生和轮作，积极发展旱粮，优化粮食品种结构。实施粮油单产提升暨绿色高产高效行动，集成推广良田良种、良机良法、农机农艺技术，创建一批"百亩田""千亩方""万亩片"，集成示范绿色高产高效技术模式。践行"大食物观"，统筹抓好畜禽、蔬菜、水产等生产发展。稳步提升水产生产能力，推进百万亩绿色高标准改造行动，拓展稻渔综合种养，挖掘宜渔稻田资源，发展设施渔业，扩大水产养殖发展空间，推进大水面增殖渔业捕捞试点。

（二）补齐关键领域科技装备短板

一是完善科技创新体系。抓住国家科技创新体制机制改革契机，协调推进农业领域国家实验室体系、农业科技综合体等平台建设。坚持产业需求导向，健全农业产业技术体系，加强农业科研队伍建设，开展农业关键核心技术攻关，提升前沿领域原始创新能力。加强农业科教资源的优化组合和科技创新协同配合，统筹推进农业领域国家实验室、科技综合体等建设。探索建立"产学研用推培"新机制，推广"研发一个品种，建立一处基地，扶持一家企业，培育一个品牌，带动一方产业"。以产业链为载体，以创新链为抓手，联合科研单位、龙头企业、经营主体及利益关联方，建设科技创新综合体、产地科技成果转化基地，探索产研融合成果转化推广新机制。健全以成果转化业绩为导向的激励机制。

二是实施种业振兴项目。健全良种繁育体系，联合省内外具有较强创新能力的科研院校、种业企业，开展优势品种联合育种攻关及产业化推广应用。支持种业企业与科研院校交流合作，加快改良传统品种、培育新品种，支持宁都黄鸡、崇仁麻鸡尽快上报国家畜禽遗传资源委员会审定。建立重大育种项目"目标任务清单"和考核评价制度，持续开展育种联合攻关，加快选育一批突破性新品种。

三是健全农技推广体系。以"稳定队伍、提升素质、回归主业，强化公益性服务功能"为基本路径，扩大区域性农技推广组织建设规模，健全乡镇农技推广管理体制①，推动农业科技社会化服务发展。持续实施基层农技人员定向培养计划，吸引具有较高素质的青年人才进入农技推广队伍，深入实施农技推广服务特聘计划，引导农技人员回归推广主业，构建以"专家定点联系到县、农技人员包村联户"为主要形式的工作机制和"专家＋农业技术人员＋科技示范户＋辐射带动户"的技术服务模式。拓宽基层农技人员晋级晋升渠道，制定以实际服务农业生产效果为考核目标的综合评价体系，留住基层农技人员，积极高效地打通农业科技成果转化"最后一公里"。

四是推进机械装备升级。成立由省工业和信息化厅、农业农村厅联合牵头，财政厅、发展改革委、自然资源厅、科学技术厅、市场监督管理局等共同参与、责任明确的机械强农推进机制，推动农机装备产业集群发展，补齐农机装备制造和应用短板。坚持内培外引相结合，推进农机装备强链补链行动，提升已布局的农机装备产业园、制造基地功能，引进全国农机装备研发机构和制造企业，培育面向本省研发紧缺先进农机装备的企业，推进技术装备集成与种植养殖模式探索。对本省企业生产的农机装备给予首台（套）补贴政策，支持果菜茶生产全程机械化装备、水稻全程

① 即健全完善由县级农业农村部门、服务对象、乡镇党委政府三方参与的乡镇农技推广工作考核机制。

机械化短板设备，以及畜牧水产养殖机械、智能农机、丘陵山区农机装备等进行技术研发与重大技术集成推广。提升全程机械化综合农事服务中心、水稻（油菜）机械化育秧中心、稻谷（菜籽）烘干中心和区域性农机应急救援中心建设水平，建设集"机具识别、轨迹监测、补贴发放、用油保障、金融支持、生产管理、智慧作业"于一体的综合农机服务平台。争取纳入国家"一大一小"农机装备研发制造推广应用先导区建设范围，加强省际合作对接，分区域、分产业、分品种推进农机装备推广应用。加快小型高效智能农机的"研产推用"。培育农业机械作业服务组织，突破农户小规模生产对农业机械使用的限制。

五是加快农业数字技术应用。加大农业网络基础设施建设力度，普及5G网络通信技术、智慧物联网技术，推动农业"大数据"建设。加快北斗终端在农机装备中的应用，研发制造、应用推广高质高效绿色种植养殖模式急需的机具装备。加强大数据、人工智能、物联网等信息技术应用，推动智慧种植养殖场所建设。支持农业企业和经营主体应用智慧农业技术，围绕重点领域、重点产业推出智慧农业项目，规范和统一传感器装置，减少"数据壁垒"，推动各部门数据实时共享。推动智慧农业产业规模化、集约化发展，降低智慧农业建设成本，探索长期稳定可持续发展模式。

（三）因地制宜培育特色优势产业

优化品种结构和区域布局，做精核心产区、做强优势产区。立足区域资源禀赋，挖掘品种资源，全链开发乡村特色产业，做精特色粮经，做优特色畜禽，做亮特色水产，做活乡土产业。优化畜禽养殖结构。按照"稳生猪、强家禽、扩牛羊"思路，增加优质特色畜产品市场供应量。优化生猪产业布局，落实基本产能保护制度，实施精准调控防止生猪生产大幅波动，确保生猪产能处于合理范围。发展适度规模牛羊养殖，打造一批肉牛肉羊大县。开展麻鸡黄鸡产业集群项目，培育富硒禽蛋、富硒禽肉、白羽肉鸡等特色基地。提升"沿江环湖"优质水禽基地，打造全国鸭苗孵化中心。因地制宜发展兔、肉鸽、鹌鹑、梅花鹿等特色畜禽养殖。开展蜂业质量提升行动项目。进一步做强国家级鄱阳湖小龙虾产业集群，推动建设甲鱼、鳗鱼、河蟹、泥鳅等地方优势特色产业集群。支持发展富硒（锌）等区域特色产业，拓展丰富产品种类，打造全国知名的富硒（锌）绿色有机农产品生产基地。统筹非耕地资源，扩大油茶种植规模，推进油茶林设施建设，发展油茶专业服务组织，组建油茶服务中心，开展造林、改造、修剪、抚育、加工、收购等服务。培育油茶龙头企业，建设油茶产业示范园区，发展油茶产业集群，建设山茶油压榨加工坊、休闲和山茶油品鉴场所，生产高品质山茶油。大力推进竹加工、森林康养等产业，壮大低碳工业、生态旅游等绿色产业。抢抓"以竹代塑"行动战略机遇，战略性布局竹产业，构建现代竹产业体系。突出特色化、差异化、多样化，高质量发展乡村休闲旅游业，开发与农时季节相适应、与消费节点相结合的乡村休闲旅游产品和服务，推介一批美丽乡村休闲旅游精品线路和精品景点。

（四）创新现代农业经营服务方式

坚持整合资源、借力用力、分工协作，打造"强"的经营体系。扶持发展家庭农场、农民合作社、专业化社会化服务组织等新型经营和服务主体，发展多种形式适度规模经营。支持新型农业经营主体发展，加强农村综合产权交易平台建设，为农村土地规范流转提供公共平台。加快发展农业社会化服务，创新发展单环节、多环节、全程托管等社会化服务模式，满足不同农业生产经营主体多元化服务需求。推广"适度规模经营＋社会化服务"的经营模式，促进小农户和现代农业发展有机衔接。建立防止强行流转土地、防范规模经营风险的制度机制，构筑农业经营体系创新的"防火墙"。提升农业产业化联合体发展水平，吸引更多农户参与进来；推广"优质平台＋基地＋农户"直供带动模式，重点建设一批"盒马村"、京东农场、天猫基地，实现产品变商品变爆品，让农民富起来、企业强起来、产业旺起来。

（五）建立绿色生产质量安全体系

坚持绿色兴农，推动全省域绿色转型。按照"打造国家生态文明建设高地"要求，深入推进部省共建绿色有机农产品基地试点省建设，全面提升标准化、规范化、绿色化、集约化生产水平。发展生态农业、绿色农业，推行清洁绿色生产方式，推动品种培优、品质提升和标准化生产。健全农业生产标准体系，重点围绕优势产业和特色产业，加快建立与国家标准、行业标准相配套的生产操作规程和作业服务标准。高标准建设优质农产品生产基地和重点市县，加大绿色食品原料标准化生产基地、有机农产品示范基地创建力度。构建绿色有机农产品品质核心指标体系，加强农产品包装工艺和标识管理，提升优质农产品消费体验。加强农药化肥生产、流通、销售过程监管，杜绝假冒伪劣违禁农资，以专业化服务模式创新减少农药化肥使用，整治水产养殖和畜禽养殖污染，持续推进水产养殖污染防治专项行动。严厉打击禁用药物违法使用行为，严格管控常规农药超标问题。加快推进绿色种养循环农业试点，因地制宜推广生态健康养殖技术模式，充分发挥畜牧业在整个生态农业中的纽带作用。建设农产品质量安全追溯体系。织密农产品质量安全"防护网"。强化《中华人民共和国农产品质量安全法》的宣传贯彻与执行。标准化建设乡镇农产品质量安全监管机构。健全大数据智慧监管评价，完善农产品质量安全网格化管理和监管对象名录制度，加强食品农产品承诺达标合格证管理，落实产地开具和市场查验制度。

（六）发展壮大食品精深加工产业

坚持产业兴农，发展现代食品加工产业集群，推动全链条增值增效。实施农产品加工业提升行动，开发类别多样、营养健康、方便快捷的加工产品，创制智能化、清洁化的设施装备，引导各地建设农产品加工园区，促进农产品深度加工、循环利用。深入实施农业产业化"头雁引航·雏鹰振飞"行动，开展产业招商、精准招商，分产业、分赛道、有针对性地引进一批全国有影响力的头部龙头企业，培育一批加工型、科技型、链主型、群主型本土龙头企业，提升精深加工转化增值能力，提升在农业全产业链中的示范引领作用。围绕重点产业，实施"建链、延链、补链、强链"行动，打造一批全国有地位的"土特产"企业。按照产区定位配置加工产能。支持农民专业合作社、家庭农场和中小微企业发展产地初加工，推动家庭工厂、手工作坊、乡村车间等提高发展质量。鼓励开展产加销运一体化经营，依托各级各类农业产业园，发展农业产业化联合体，带动本地农产品加工增值。鼓励引导龙头企业采取新建、扩建或技术改造等方式发展精深加工，研发引领消费需求的精深加工产品，提高初级农产品就地加工转化能力。重点拉长茶叶加工、蔬菜加工、中药材加工、粮油加工、特色农产品加工、畜产品加工6个产业链。如畜禽加工方面，推动在预制、休闲、餐饮等方面研究适应当代消费需求的产品，引导向纺织、皮革等传统产业和保健、生物、医药等新兴领域拓展。推动预制菜健康发展，加快制定"赣菜预制菜"全产业链标准体系，引培一批超亿元预制菜龙头企业，打造一批特色预制菜产品，做大做优方便食品、净菜加工、冻干产品和天然植物萃取等加工产业。

（七）健全市场流通骨干支撑体系

以建设全国统一大市场为契机，争取国家层面政策支持，以全国统一农产品市场的重要节点为定位，建设与区域性优质农副产品生产和供应基地相配套的农产品市场和流通体系。加强粮食仓储基础设施建设，建设储存安全、功能完善、畅通高效、绿色生态的粮食仓储物流保障体系，全面提升粮食仓储物流能力。推进城乡冷链物流骨干网和"互联网＋第四方物流"供销集配体系建设，丰富预制菜、生鲜配送、仓储物流等新兴业态。加快布局冷链物流干支线网络，开展物流示范线路建设，完善主产区大宗农产品现代化仓储物流设施。加快发展主产区大宗农产品现代化仓储物流设施，探索推广"田间地头冷藏设施（产地仓）＋县域产地中心冷冻冷藏库（中间仓）＋大型销售平台（前置仓）"新模式，建立覆盖农产品生产、加工、运输、配送、仓储、销售等环节的全程冷链物流服务体系。持续推进"互联网＋"农产品出村进城。实施全国头部电商培养行动、省级"头雁"电商培训行动、地市基础电商孵化行动，推动优质农产品线上线下联动营销，提高市场份额。线上重点与阿里巴巴、京东、拼多多和抖音等主流电商密切对接，线下重点与盒马鲜生、山姆会员商店、华润万家等高端商超合作，争取上架。加快与阿里巴巴、京东等电商平台的合作共建，以及与米其林的星级店、黑珍珠的钻级店的合作。支持开展农产品网络销售、直播带货等新业态新模式；加强农产品电商监测、农业招商调度、商超餐饮监测分析，推动线上线下、省内省外、国内国际市场体系有效衔接，确保农产品产得出、卖得好、有效益。

（八）健全农业品牌培育孵化体系

实施品牌强农工程，围绕建立多元化食物供给体系培育一批特色农产品品牌，建成公共品牌、企业品牌和产品品牌相互支撑、相得益彰、协同发展的品牌体系。统筹推动"一地多标""一品多标"变为"多标合一"，高起点打造公用品牌，建立省、市、县公用品牌协同宣传机制。探索多样化营销模式，培育创建、宣传推广一批区域公用品牌、企业品牌和产品品牌。加快建立优质农产品标准体系和认证体系，加强特色优质产品风味特征研究，构建江西特色优质产品风味评价体系，探索品牌产品鉴伪快速检测技术标准。推进"赣鄱正品"全域品牌创建，促进现代农业、品牌培育和餐旅行业深度融合，创新举办龙虾节、虾蟹节等品牌节会，强化与"赣菜""江西米粉"等品牌联动发展，推动由"卖产品"向"卖体验""卖品牌""卖文化""卖故事""卖场景"转变。

（九）推进乡村建设形神兼备提升

学习借鉴"千万工程"经验，将传统村落风貌和现代元素相结合，对标农村基本具备现代生活条件，以农民群众可感可知可及的事情为突破口，围绕农村产业发展、公共服务、环境整治、乡风建设，撬动资金、土地、人才投入宜居宜业和美乡村建设。瞄准农村基本具备现代生活条件，实施乡村建设行动，统筹推进农村"厕所革命"、生活污水垃圾治理，全域提升农村人居环境质量。持续推进农村"厕所革命"，着力抓整改、提质量、促新建。坚持减量化、资源化、无害化导向，持续推动农村生活垃圾治理。坚持污染治理与资源利用相结合、工程措施与生态措施相结合、集中与分散相结合的方法，推动农村生活污水治理因地制宜，梯次推进。加强"万村码上通"平台使用推广，引导更多群众参与村庄环境管护。因村施策补齐乡村发展短板，加快实现宜居村庄整治建设全覆盖。集聚提升类村庄，重点完善村内道路、供水等基础设施，改善农民生产生活条件；城郊融合类村庄，按照近景远景规划，依序建设，整体打造，补齐基础设施和公共服务短板；特色保护类村庄，按照"古村活化、修旧如旧"的思路，兼顾美丽乡村建设和历史、文化、传统保护，助力村庄成为"土特产"消费场景。以乡村建设为纽带，激发乡村多元价值，吸引客流、资金流、信息流，推进乡村建设与农业产业、乡村旅游、文化康养、乡村治理、乡风文明互融共促，着力打造景村融合、产村融合、三治融合、城乡融合、共同富裕"四融一共"的和美乡村，把江西省建设成为全国休闲旅游度假目的地。推动乡村文化、休闲、旅游、康养等新业态高质量发展，将村庄的资源优势、生态优势转化为汇聚人才力量和项目资金的优势。

（十）健全农民持续增收全面发展机制

在通过发展"土特产"把产业留在农村的同时，健全联农带农助农机制，为农民创造更多产业参与机会，确保农民收入持续较快增长，把农产品增值收益和乡村产业发展收益留给农民。

一是解决好农民特别是返乡农民就业问题。组织开展种养业、农产品加工业、农业社会化服务、农村电商等技术培训，增强农民就业技能。通过发展种养业、设施农业、农产品加工业、农业社会化服务、乡村旅游等增加就近就地就业岗位。

二是多途径增加农民经营性收入。促进产销衔接，畅通销售渠道，让农民便利销售、顺畅销售，卖得出、卖得好。发展乡村富民产业，积极推广订单生产、土地流转、就业务工、生产托管等方式，让农民更多参与乡村产业发展。

三是通过乡村建设增加农民财产性收入。释放农村生态环境、文化价值、财产价值，把乡村建设带来的"美"变成能带来收益的消费场景。

四是牢牢守住不发生规模性返贫底线。继续保持工作力度和政策强度，培育壮大成长性好、带动力强的帮扶产业，抓紧抓牢防止返贫监测，加强对防止返贫监测对象、零就业家庭等困难群体的帮扶，不断增强脱贫地区造血功能和脱贫群众内生发展动力，逐步实现从集中资源支持脱贫攻坚向全面推进乡村振兴平稳过渡。

（十一）深化改革激发全面振兴内生动力

持续深化农村改革，加强改革系统集成，激发乡村振兴发展动力。统筹推进农村土地制度、集体产权制度等改革，有序推进农村产权流转交易规范化，扎实做好确权，稳步推进赋权，有序实现活权，赋予农民更加充分的财产权益，优化农村资源要素配置，不断激发乡村振兴发展动力。稳定农村土地承包关系，有序推进农村土地二轮承包到期后再延长30年试点工作；稳慎推进农村宅基地制度改革试点和规范管理三年行动，探索闲置宅基地盘活利用模式。因地制宜发展壮大新型农村集体经济，让农民分享更多发展成果。借助国家生态文明试验区和国家试点省的政策机遇，建立生态产品价值实现机制，完善生态保护补偿制度，探索生态保护与开发利用的有效融合机制。建立不同产业及产业间的跨部门协同机制，解决同一产业在不同部门、不同产业之间的矛盾关系。① 如统筹种养规划，促进粪肥科学还田利用，构建农业农村部门业务指导与生态环境部门监督执法协同机制，允许畜禽养殖主体原地重建或享受占补平衡政策。建立健全城乡要素合理流动机制，推动农村集体经济组织成员权利有序开放，吸引更多的资金、技术、人才等城市要素流向乡村。

（十二）建立现代农业公共服务体系

围绕现代农业持续健康发展，探索增强现代农业产业链、供应链稳定性和韧性的治理机制，防范化解突发、意外风险，维护农业生产秩序稳定。畜禽养殖方面，加强基层动植物疫病防控体系建设，落实关键防控措施，健全防疫应急制度，确保突发动物疫情能够迅速、科学处置到位。防范市场风险方面，健全监测预警机制，做好数据采集、分析印证、形势会商、信息发布工作，健全精准调控机制，防止生产大幅波动，综合运用"保险＋期货"对冲市场下行风险。发挥供销社农资供应主渠道作用，探索化肥农药集采零

---

① 围绕解决"林"和"农"的矛盾，由农业农村部与国家林业和草原局、自然资源部协调，出台政策解决畜禽养殖用地需求的实际问题。允许畜禽养殖场户通过复林、复耕，优先安排异地养殖用地，可等量占用林地或非基本农田，享受占补平衡政策。积极盘活土地资源，对现有设施陈旧、条件简陋的已不适合开展畜禽生产的养殖场，鼓励和支持原址重建，无须办理审批手续，并给予一定项目支持。

差直供，抓好春耕等重要农时农资供应质优价稳。构建精准高效农业防灾减灾体系，建好、用好区域性农机应急救援中心、应急救灾服务队，完善抗旱防汛应急救灾机具物资设施，科学布局粮食烘干设施和服务场所，密切与气象、应急、水利等部门沟通会商，及时制定防灾减灾技术方案和应急预案，抓好关键措施落实。

（十三）健全完善农业支持保护政策

坚持农业农村优先发展，加大人、财、地等要素保障，引导撬动金融和社会资本更多投向农业农村，切实把人力投入、物力配置、财力保障转移到农业强省建设上。保持用地、财政、保险、信贷、环保等政策的稳定性、长效性，减少态度"急转弯"、政策"翻烙饼"。优化粮食生产大县、生猪调出大县奖励政策，根据粮食、生猪等净调出量核算奖励资金，加大对净调出地区的统筹资金奖励力度，调动地方种粮养猪的积极性。落实"新编县乡级国土空间规划应安排不少于10%的建设用地指标，重点保障乡村产业发展用地"。健全金融保险机制，创新金融支持现代农业发展的新产品、新模式，探索活体、期货仓单等抵（质）押贷款新机制。积极争取利用地方政府专项债券、不动产信托基金等，将财政资金与市场资金相结合，形成政策组合，依托平台公司建设高标准种植养殖基地，吸引优质企业投资现代农业发展。

（十四）建立农业强省推进机制

建议省委、省政府加快建设农业强省的领导机制、议事机制和考核督导机制。建议分区域、分产业、分领域、分环节建设跨部门、跨区域的农业强省协调推进机制。尽快部署开展农业强市、农业强县、农业强镇、农业强村的评选工作。尽快开展农业强省空间布局、产业布局等的分解研究工作，启动江西省加快建设农业强省战略、规划和政策研究工作。战略性部署现代服务业同先进制造业、现代农业深度融合推进工作，以现代服务业与现代农业融合发展为抓手，构建以城带乡、以工补农的产业载体和通道，突破先进制造业、城市服务业服务支撑农业现代化的瓶颈，为建设农业强省提供全方位要素支撑。

专题报告一 江西省推动科技赋能农业强省建设的路径研究*

习近平总书记强调："要依靠科技和改革双轮驱动加快建设农业强国。"① 2023年江西省委农村工作会议明确指出，加快推动江西从农业大省向农业强省迈进，奋力开创全省农业农村现代化建设新局面。江西要实现由农业大省向农业强省迈进，利器在于科技，核心在于创新。通过梳理江西省农业科技创新发展现状，准确研判江西农业科技创新的瓶颈，并从加大农业科技创新支持力度、构建农业科技创新平台体系、促进农业科技成果集成转化、完善多元共存的农技推广体系、深化农业体制机制改革等方面提出相关建议，以

---

* 张宜红，江西省社会科学院农业农村发展研究所所长、研究员，研究方向为农业农村发展。杨锦琦，江西省社会科学院副研究员，研究方向为农业经济。向红玲，江西省社会科学院助理研究员，研究方向为农业经济。徐平平，江西省社会科学院助理研究员，研究方向为统计学。

① 习近平：《加快建设农业强国 推进农业农村现代化》，《求是》2023年第6期。

推动科技创新这一"关键变量"持续为江西加快建设农业强省注入强劲动能。

一　科技创新成为农业强省建设的利器

近年来，江西省大力推进科技创新、成果转化、人才建设，农业科技创新取得积极进展，科技创新这一"关键变量"持续为加快建设农业强省注入强劲动能。

（一）农业科技创新体系初步形成

江西省现有涉农科研机构共91家，其中，隶属中央党政机关等机构1家（中国林业科学研究院亚热带林业实验中心），省级28家，市级36家，县（区）级14家，其他12家；事业单位82家（公益一类61家，公益二类21家），民办非企业9家（见表2-1）。国家农业科技园区10个、省级农业科技园区43个，基本形成了以政府为主导，以涉农高校、科研院所、涉农企业为主体，地方推广机构、新型农业经营主体共同参与的农业科技创新体系总体架构。

表2-1　　　　　江西省涉农科研机构情况　　　　　单位：家

机构类别	机构性质			
	公益一类事业单位	公益二类事业单位	民办非企业	合计
隶属中央党政机关等机构	0	1	0	1

机构类别	机构性质			
	公益一类事业单位	公益二类事业单位	民办非企业	合计
省级	27	1	0	28
市级	21	15	0	36
县（区）级	12	2	0	14
其他	1	2	9	12
合计	61	21	9	91

资料来源：笔者自制。

（二）农业关键核心技术取得新突破

综观全球，农业强国必是农业科技创新强国。突破农业关键核心技术，做强农业"芯片"，是江西省迈向现代化农业强省的根本保障。近年来，江西省持续加大农业科技研发投入力度，从 2017 年的 3900 万元增加到 2022 年的 4500 万元，累计投入 2.23 亿元，建设了 24 个省级现代农业产业技术体系，组建了食品产业、生猪产业、现代作物种业、现代家禽种业和油茶产业 5 个科技创新联合体，取得一批重大标志性创新成果。自主设计了"中芯一号"生猪种业技术"破卡"的重要利器，培育出世界首个具有显著节肥效果的丛枝菌根高效共生水稻新品种"赣菌稻 1 号"，有望育成江西省 20 多年来第一个畜禽新品种"山下长黑猪"，首次破译红花油茶遗传密码，等等。江西省农业科技进步贡献率由 2017 年的 58.8% 增至 2022 年的

62.5%，科技已成为江西省农业农村经济社会发展的首要驱动力。

（三）农业科技成果转化取得新进展

一是重大科技成果转化成效显著。"中芯一号"在全国24个生猪主产省份推广应用，累计推广31万头；直投式果蔬发酵专用益生菌剂成功在全国20个省份的100家企业推广应用；猪多肋性状因果基因鉴别技术实现产业化应用，产生直接经济效益达30多亿元。

二是科技示范基地示范带动效应日益凸显。围绕新品种、新技术、新成果示范推广，创建各类农业科技示范基地269个，主推技术56项，构建成果集成示范"新载体"，将成果转化和技术推广有机衔接。

三是"互联网＋"推动科技成果加快转化。以"互联网＋"思维促进成果对接，促进科技成果转化线上与线下协同发展。截至2022年年底，江西省农业技术领域成交技术合同1380项，成交额达60.75亿元，占全省技术合同成交额总量的8.5%。

（四）农业科技推广取得新成效

一是农技推广体系基本建成。不完全统计显示，江西省市县三级共有农技推广机构或承担农技推广职能的机构187个，其中省级2个、市级27个、县级

158 个。省市县乡各级农业技术推广人员 11205 名，其中高级职称人员 1485 人，累计招收基层农技人员定向培养生 2094 人；按照"一县一产业一团"组成科技特派团，每年选派科技特派员 1393 名。

二是农业科技推广模式创新初见成效。探索形成了"信息化网络农业技术推广服务""产学研政社相结合的农技推广联盟""公益性与经营性服务组织相融合的农技推广"等模式；围绕江西省特色优势产业建起 30 家科技小院，涉及 20 个优势特色产业，实现 11 个设区市全覆盖。

三是智能化农机装备推广驶入快车道。2022 年全省主要农作物耕种收综合机械化率达 78.87%，高于全国平均水平；在全国率先开展手机 App 申请补贴、机具二维码识别、物联网轨迹监测"三合一"工作，全省能实现作业可查看、轨迹可回放、面积可计算的机具超 3.93 万台，监测面积近 5220 万亩，居全国首位。

二　瓶颈

（一）农业科技创新水平不高

第一，从农业科技进步贡献率来看，农业科技创新处于全国平均水平，但在中部地区靠后。2022 年江西省农业科技进步贡献率为 62.5%，与全国平均水平的 62.4% 基本持平，低于安徽的 66.0%、湖北的 65.0%、河南的 64.9%、江苏的 71.8%。第二，从农业科技投入来看，以政府投入为主，尚未设立农业科技专项资金。2022 年，江西省现代农业产业技术体系年投入经费为 4500 万元，与江苏 1.3 亿元、山东 8000 多万元相比，差距较大。第三，从关键核心技术来看，江西省新品种选育及种养、核心种源、关键农机装备等领域相对较弱。以农机装备为例，2022 年年底全省水稻耕种收综合机械化率比全国平均水平低 2 个百分点，花生、大豆、马铃薯等农作物耕种收综合机械化水平均低于全国平均水平 20 个百分点左右，存在"无机可用""无好机用""有机难用""有机不知道用"的问题，其根本原因在于缺乏适宜江西省丘陵山区和土壤性状的农机装备生产龙头企业。第四，从农业科研实力来看，江西省农业科研力量薄弱。江西省农业科学院科研综合水平排全国倒数第五位；根据 2023 软科中国大学的排名，华中农业大学排全国第 42 名、湖南农业大学排全国第 150 名，而江西农业大学排全国第 186 名。此外，江西省农业科技领军人才缺乏，江西省拥有涉农领域院士仅 4 位，而湖北省有 14 位、湖南省有 8 位。

（二）农业科技平台效能提升不够

江西省"国字号"科研平台不多。截至 2022 年年底，全省涉农领域国家级科研平台 6 家，与湖北省 13 家、安徽省 8 家相比，差距较大（见表 2 - 2），且湖北省、湖南省均建有国家现代农业产业技术创新中心，而江西省尚无突破。高端农业科创平台质量不高。调研发现，井冈山农高区升建工作尚未列入 2023 年科技部工作重点，现代农业前沿科技创新、示范推广均不足。全省拥有 10 家国家级农业科技园区，低于湖北的 11 家、湖南的 13 家、安徽的 18 家，而且存在聚焦区域农业特色的高端研发项目不多、研发资金效用发挥不足、平台管理水平落后等问题。

表 2 - 2　　　　2022 年中部省份科研平台比较分析　　　　单位：家

省份	涉农领域国家级科研平台		国家级农业科技园区
	国家重点实验室	国家工程技术研究中心	
江西	2	4	10
湖北	8	5	11
湖南	3	3	13
安徽	1	7	18
河南	3	0	13
山西	0	0	4

资料来源：笔者自制。

（三）农业科技成果转化不畅

一是涉农企业创新主体"长期缺位"。长期以来，江西省涉农企业开展研发活动的比例较低，2012—

2022 年江西省植物品种权授权总数为 683 项，其中以企业作为主体的有 104 项，占比为 15.23%；同期河南省植物品种权授权总数为 1162 项，其中以企业作为主体的有 249 项，占比为 21.43%。即使是上市公司煌上煌集团，2022 年研发经费占营业收入比重也仅为 2.79%，低于广东圣农集团的 5.18%、湖南隆平高科的 11.46%、安徽荃银高科的 3.26%、湖北安琪酵母的 4.67%。涉农企业技术创新处于"长期缺位"状态，"产""用"主体地位不强，创新链与产业链不能实现有效连接。

二是科研机构与市场主体"需求错位"。调查发现，江西省涉农高等院校、科研院所取得的新成果、新技术，仅停留在发表论文专利、获得品种权和成果奖励方面，难以或无法转化，大多"锁在铁皮柜子里"，未形成"围绕产业链部署创新链、围绕创新链布局产业链"的双链对接融合项目立项新机制，项目形成过程中过度依赖大专家，项目验收主要是对标项目合同任务，而没有以农业生产者评价或者市场转化为导向，与市场需求融合不紧密，对农业产业发展支撑不明显。省农业农村厅资料显示，近 10 年江西省未培育出一个具有自主知识产权、推广面积过百万亩的突破性农作物新品种。

三是科技成果市场转化机制不健全。截至 2023 年

5 月底，全国农业科技成果转移服务中心已成立武汉、西部、山东、淮海、大同、崖州湾、长春 7 个分中心，江西省尚无。此外，江西省金融、中介机构嵌入程度不深，农业"科技—产业—金融"未形成良性循环。

（四）农技推广"最后一公里"问题仍然存在

一是基层机构设置与职能发挥不匹配。调查发现，当前江西省的市县两级农技推广机构与农业农村局合署办公现象较为普遍，大部分乡镇农技推广人员和业务并入便民服务中心，农技人员"青黄不接"、混岗、"兼业化"、技术更新缓慢等问题突出，农技推广模式较为单一，运用大数据、云计算等现代信息技术手段不充分，乡镇农业技术推广工作不断退化。

二是公益性与市场性农技推广机构未形成合力。江西省公益性农技推广机构主要提供农技推广服务、动植物疫病防控、农产品质量安全监管等，与多样化农业生产需求不匹配；绝大多数市场性农技推广机构服务覆盖面相对较窄，服务群体较分散，无法解决区域性产业发展面临的技术难题。

三是农业科技社会化组织发展与产业发展需求不相适应。江西省农业科技社会化组织化发展不充分，服务能力不适应农业发展需求。如水稻育秧中心建设严重不足，2022 年全省水稻机播率为 49.82%，比全国平均水平低 12 个百分点。此外，农机维修、机烘等服务也无法满足现实需求。

（五）农业科技创新体制机制不活

一是农业科研资源尚未得到有效整合。江西省农业科研力量分散在不同部门，科研资源未得到有效整合，科研机构存在各自为战、交叉较多、低水平重复的现象。例如，江西省农业科学院与赣州市农业科学院均开展花卉、蔬菜研究，交叉重复研究现象突出。

二是考核评价奖励等机制不健全。江西省科研评价结果与职称评定、奖励性绩效工资挂钩制度执行效果有待提升，吃"大锅饭"现象仍较为普遍。

三是农业科技创新政策不协同。江西省农业科研机构和管理部门层次多，政策的系统性、协调性不够，相关政策不衔接、不配套等问题突出，不少政策难以落地。

三　突破路径

（一）加大农业科技创新支持力度

一方面，加大政府对农业科技投入力度。坚持农业科技优先发展方针，统筹全省现有农业科研项目资金，组织实施省科技计划项目，按一定比例设立农业科技研发专项经费，并逐年递增；建立长期稳定增长的农业科研投入机制，逐步把农业科技投入强度提高到全省科技投入强度平均水平，支撑全省新品种选育及种养关键技术、生猪生产技术、丘陵山区适用农机等重点领域实现"从 0 到 1"的原创性突破创新。另一方面，拓宽农业科技创新资金来源渠道。鼓励社会资本加大对全省农业关键核心领域的科技投入力度，提高农发行科技贷款规模，支持商业银行通过金融联盟、联合贷款、利率调整等方式提高对全省农业科技贷款比例；建立财政专项资金与金融资本、风险投资等社会资本的结合机制，拓宽全省农业科技创新资金来源渠道。

（二）构建农业科技创新平台体系

一是争创一批国家级农业科技创新平台。建好用好江西省现有农业"国字号"科研平台，以国家重点实验室重组为契机，争创一批国家级农业科技创新平台落户江西，重点支持中国水稻研究所江西早稻研究中心等"国字号"创新平台建设。

二是提升改造一批国家农业科创平台。对标国家农高区的建设标准和国内先进国家级农高区的经验，加快推进井冈山农高区升建为国家级农高区。实施"管理服务水平、科技创新能力、创新创业活力"三大提升行动，加快推进江西省国家农业科技园区建设成为农业科技成果培育与转移转化的创新高地。

三是高水平建设一批省级农业科研平台。布局建设一批高水平涉农省级实验室、省重点实验室、科研试验基地、现代化种业基地等科研平台，建立省级生物育种中心、省级农机装备实验室，加快推进水稻品种性能鉴定中心、水稻品质检测中心建设。

（三）促进农业科技成果集成转化

一是强化涉农企业技术创新主体地位。构建全省优质涉农企业梯度培育体系，培育壮大一批农业科技领军企业，扶持一批农业科技型骨干企业，支持中小微涉农企业创新发展。推动知识产权保护、研发费用加计扣除等政策落地落细，降低江西省涉农企业创新的成本和风险。

二是构建适合江西特色的实体化农业创新联合体。推行技术总师负责制，实行"揭榜挂帅""赛马"等制度，发挥金融资本作用，组建由农业领军企业牵头，科研院所、技术推广机构等为成员的江西农业科技创新联合体，支持创新联合体参与全省农业科技重大项目和平台建设。

三是设立省级农业科技成果集成转化专项资金。其由省农业农村厅、金融机构、龙头企业共同发起，用于支持农业科技成果转换应用奖励，促进现代农业科技成果快速转化为现实生产力。

四是构建专业化农业科技成果转化机制。争取全国农业科技成果转移服务中心在江西设立分中心。建立精准项目挖掘和快速项目论证的决策机制，大力引进国内外知名投资机构、中介机构，提升科技成果转化效率。

（四）完善多元共存的农技推广体系

一是强化政府农技推广组织公益性职能。深化基层乡镇机构改革，规范设置农技推广机构和农技专岗，从农业乡土专家、种养能手、新型农业经营主体技术骨干、公费农科生中充实基层农技人员力量，搭建基层农技推广人员和科技研发人员交流平台。

二是推动农业科技社会化服务发展。鼓励以"农资＋服务"、技术托管、示范带动等方式开展农技服务。通过政府购买农技推广服务清单方式，支持社会化农业科技服务力量承担可量化、易监管的农技服务。支持农业科技社会化服务组织开展个性化精准化农技服务，与小农户建立紧密的农技推广服务联结机制。

三是加强科技服务载体和平台建设。搭建集"农技需求—交流培训—农资交易—技术服务"等于一体的省级农业技术服务数字化平台，为全省农业技术推广提供精准化、智能化服务。

（五）深化农业体制机制改革

一是推进科研机构分类改革。对全省科研院所进行广范围、多层次资源整合，实行"总院＋独立院所"运行模式，设立地区分院或分支机构，加强科研院所总院基础研究属性，强化地区分院农技推广应用职责；支持符合条件的技术开发类省属院所组建科技型产业集团或直接转制企业。

二是优化涉农人才引育机制。优化涉农高校学科体系建设，完善涉农专业设置，创新人才培养模式，分类分层培养农业科技领军人才、实用型农技推广人才等；实施赣鄱版"神农英才"引进计划和"周末磁场"计划，在高端农机装备、新品种选育等关键核心技术领域柔性引才引智。

三是设立农业科研项目联审联评专业委员会。由不同农业科研项目部门联合成立全省统一的农业科研项目联审联评专业委员会，根据研究方向和产业发展需求，统筹全省项目研究内容、研发团队、考核评价指标等，集中力量办大事。

四是完善成果评价和科研激励政策。允许江西省涉农科研机构人员在企业兼职、持股，不受所在单位党政领导职务限制；对江西省培育突破性农业关键核心技术的主体或个人，给予标识和激励，并在职称评聘、成果申报、人才评价、绩效考核、表彰奖励等方面，在同等条件下优先给予支持。

专题报告二　江西省建强现代农业经营体系的发展路径研究[*]

党的二十大报告提出，要巩固和完善农村基本经营制度，发展新型农村集体经济，发展新型农业经营主体和社会化服务，发展农业适度规模经营，为我国加快构建新型农业经营体系、建设农业强国提供了根本遵循。建设农业强省，同样要求强有力的现代农业经营体系支撑。培育壮大新型农业经营和服务主体，促进小农户与现代农业发展有机衔接，是强化经营体系的关键。建设农业强省，要求强有力的现代农业经营体系支撑。近年来，江西省围绕促进小农户与现代农业发展有机衔接，构建全环节现代农业经营体系，推动家庭农场、农民合作社、龙头企业、农业社会化服务组织等蓬勃发展。但新型农业经营主体的主动性、

---

* 龚俊梅，中国社会科学院大学应用经济学院博士研究生。

创造性和带动性仍然不强，农业社会化服务层次仍待进一步提高，小农户融入现代农业仍然面临一系列困难，离农业强省要求的"经营体系强"还有较大差距。通过分析现代农业社会化服务"绿能模式"的经验启示，提出以带领小农户快速发展现代农业为基本目标，创新现代农业经营模式，培育壮大各类新型经营主体，建立健全专业化社会化服务体系，实施农业社会化服务促进行动。

一　江西省建强现代农业经营体系的现实基础

（一）新型农业经营主体蓬勃发展

一是家庭农场发展势态良好。家庭农场是统筹城乡发展、拉动农村经济增长、助推现代农业发展的中坚力量。近年来，江西省将发展家庭农场作为培育新型农业经营主体的重要抓手，支持家庭农场组建农民合作社，整体呈现经营内容多样化、经营模式多元化特征。坚持以农民为主体，以提高农业综合生产能力、农民增收为目标，对家庭农场进行全面规范管理，推动家庭农场发展质量、效益进一步提升。鼓励家庭农场与龙头企业合作，形成了"公司＋家庭农场＋基地"的经营模式。2022年，江西省家庭农场数量达

9.78 万家。

二是农民合作社提质增效。农民合作社具有组织散户、带动大户、对接企业、联结市场等多项功能。江西省以提升规范运行水平、提升生产经营能力、增强服务带动能力为切入点，在制度体系、财政扶持和权益维护等方面出台了多项政策措施，推动农民合作社从注重数量增长逐步向提质增效、量质并举转变。从产业结构来看，从事种植业的农民合作社占比达56.90%，为保障粮食安全发挥了重要作用。2022 年，全省农民合作社数量达 7.78 万家，其中国家级、省级、市级、县级农民合作社示范社分别达到 468 家、1184 家、2200 余家、3500 余家，示范社比例进一步上升；全省农民合作社经营性总收入达 183.70 亿元，社均收入达 23.40 万元。

三是农业龙头企业不断发展壮大。龙头企业上连市场，下接合作社和农户，处在产业链的核心地位，是助推农业转型升级的关键支撑。作为农业大省，江西省一直高度注重对龙头企业的引进和培育。全力支持龙头企业做大做强，引导龙头企业发挥好"链主"和示范引领作用，大力推广"龙头企业 + 合作社 + 家庭农场"经营模式，鼓励龙头企业与农户建立更加紧密的利益联结机制。目前，江西省已培育正邦、双胞胎、煌上煌、国品、惠大、胜龙等一批国家级龙头企业和行业领军企业，为保障国家粮食安全和助推全省农业高质量发展提供有力支撑。2022 年，全省省级以上农业产业化龙头企业达 1059 家，全国排名第 7 位；国家重点龙头企业 68 家，全国排名第 14 位。

（二）农业社会化服务多元发展

一是着力构建以供销合作社为重要支撑的为农服务体系。供销合作社是党领导下的为农服务的综合性合作经济组织，是党和政府以合作经济组织形式推动"三农"工作的重要载体。在全国供销总社综合业绩考核中，江西省连续三年排名全国前四，稳居全国系统第一方阵。聚焦高质量发展，举全系统之力加快培育冷链物流、"互联网＋第四方物流"、中医药 3 大新型主导产业，打造为农服务新阵地。围绕保障粮食安全，突出抓好"一粒种子""一袋化肥""一台农机"的"三个一"工作，拓展为农服务新领域。着力完善联合社治理、基层组织建设、社有企业运行三项机制，持续激发内生动力和发展活力，再造为农服务新优势。例如，自 2022 年起，南昌市社与本地种粮龙头企业合作，在南昌县塘南镇北联村、北星村流转土地 3990 亩种植稻谷，总产量 576.6 万斤，平均亩产高出全市平均水平 22.5%。

二是大力发展以农业生产托管为主的社会化服务。

农业生产托管服务是化解农村劳动力不足、农村土地呈撂荒趋势等系列矛盾的主要方式，是有效解决农村土地流转经营成本大、风险大等问题的重要手段。近年来，江西省坚持以农业生产托管为抓手推进农业社会化服务，将农业生产社会化服务项目重点支持农业生产托管。加强主体培育，强化政策支持，因地制宜开展形式多样的有效的托管服务。聚焦关键环节，提升科技支撑，重点推进以水稻为主的全程农业社会化服务体系建设，不断提升农业生产托管对小农户服务的覆盖率，包括产前良种、化肥、农药等农资的推介和供应，产中技术指导、疫病防治等生产管理服务，产后农产品仓储、销售、保险等服务。

三是推动全程机械化综合农事服务中心高质量发展。建设覆盖全程、综合配套、便捷高效的社会化服务体系，是发展现代农业的必然要求。江西省以全程机械化综合农事服务中心、水稻（油菜）机械化育秧中心、稻谷（菜籽）烘干中心和区域性农机应急救援中心建设为抓手，按照"农业生产要素全面供给、农业生产全程服务"的目标要求，创建集"全程机械化与信息化服务、农业新技术新机具示范推广、农机维修保养与存放、农机人员培训管理"等功能于一体的全程机械化综合农事服务中心，为农户提供机械化作业、机具维修保养、综合农事等多元化服务，让买不起农机的小农户能用上先进、高效、智能的农业机械。截至 2023 年上半年，建成全程机械化综合农事服务中心 104 个，已建和在建的水稻机械化育秧中心 781 个。

二　江西省建强现代农业经营体系面临的发展困境

（一）新型农业经营主体的主动性、创造性和带动性仍然不强

一是经营主体组织化短板突出。龙头企业、农民合作社、家庭农场、种养大户等各类经营主体，在各自的机制内发挥作用，缺乏联合和组织，优势未得到充分整合。农业生产的上下游产业链没有较好的衔接，专业服务加"产、加、销"一条龙的农业产业化经营的运营机制、组织机制未完全形成。家庭农场、农民合作社等主要从事生产环节，参与加工增值程度低，与产业链后端的龙头企业等主体联系不紧密，很难分享农业全产业链的增值效益。其大部分局限于农业生产功能发挥，难以拓展农业文化、创意、体验等功能。纵向、横向之间的合作途径不宽，技术缺乏统一标准，制约了现代农业的发展档次。

二是经营主体规模化程度不高。"小、散、弱"经营主体大量存在，农业生产基本仍以千家万户分散经

营为主。虽然新型农业经营主体总量已经不少，但规模偏小，抗市场风险能力弱，缺乏产业发展规划，与现代农业发展要求距离较大。以家庭农场为代表的新型经营主体经济基础薄弱，受土地规模细碎化、土地流转费用上升、农村有效劳动力不足等因素影响，基本停留在满足家庭生活消费的"自给自足"水平。加上种子、农药、化肥等生产资料价格居高不下，农村农技服务成本不断增加，经营主体也难以扩大经营规模。此外，农民合作社、家庭农场等经营主体大多文化程度不高，新技术的开发应用和学习能力不足，导致发展后劲不足。

三是经营主体缺乏有效支持。近年来，银行、金融系统对扶持新型经营主体，在服务方式、服务内容和产品创新方面做了大量工作，但新型农业经营主体由于缺乏有效抵押物等，贷款难、贷款贵的问题依然比较突出。农民合作社、家庭农场一般投资额度较大、投入周期长、抗风险能力弱，而目前江西省部分市县两级政府财政均未安排专项扶持资金，不利于经营主体的发展。同时，政策供给存在不及时或不到位问题，主要集中在资金、技术、土地、保险等方面。如政策性种植业和养殖业保险仅覆盖大宗粮食、能繁母猪、育肥猪、奶牛和肉牛，其他经济作物、禽类和水产还未纳入政策性保险，一旦发生灾害可能遭受严重打击。

四是经营主体联农带农作用不强。联农带农是新型农业经营主体自身发展的内在要求。在依靠农业组织和企业构建的"企业 + 小农户"及"农业组织 + 小农户"等纵向一体化经营模式中，小农户通常处于分散经营的状态，农业生产集约化程度低、市场适应性弱，不具备市场竞争优势，小农户的利益无法得到有效保障。此外，一些合作社、龙头企业只是与农户结成了土地租赁关系，除支付租金外，较少与农户发生其他经济联系，无法建立稳定的利益联结机制，带动农业产业化的能量不足，难以产生良好成效，甚至还可能导致一系列问题。

（二）农业社会化服务层次有待进一步提高

一是专业化服务人员力量薄弱。农业生产经营和全产业链的服务化是农业现代化的必然趋势。江西农业社会化服务发展层次不高、基层农业服务机构人员力量薄弱的状况仍未得到有效改变。涉农系统、涉农岗位真正懂农业的人才较少，加上农村工作环境相对较差、工作任务繁重，无法吸引专业化、懂技术的人才长久投身于农业服务。特别是农技推广方面，技术服务人员知识断层、知识老化问题严重，农业科技成果和先进适用技术不能得到有效推广应用。市场服务组织难以做大做强，不能形成稳定的固定人员，多数服务企业都是在生产季节聘请临时工人，服务质量不稳定，提供全程、综合服务的能力欠缺，农技服务成本也不断增加。

二是服务领域拓展不够。从产业链条来看，无论是分散的小农户还是新型经营主体，对产前的市场预警预测、产后的初加工和销售等服务需求都较为迫切，但目前服务主体的供应内容侧重农资供给、技术推广指导、病虫害防治等方面，产前和产后环节的社会化服务则相对滞后。从作物品种来看，经济作物、特色作物等社会化服务较为欠缺。从地区看，在农业生产基础条件相对较差的丘陵和山地，农业社会化服务体系建设更为落后。例如，赣北和赣南地区的农业社会化服务覆盖面较广、服务水平较高，相较之下，赣中、赣西和赣东北地区的农业社会化服务机构数量不足。

三是服务主体资金压力较大。农业社会化服务体系建设是一项系统工程，需要持续投入一定资金。农业社会化服务主体的资金来源主要是政府财政投入和自筹资金。政府财政投入有限，自筹资金往往只能满足短期需求，因此服务主体缺乏长期稳定的资金来源。同时，社会资本参与建设农业社会化服务体系的积极性不高，而农业社会化服务主体往往缺乏足够的资产和信用记录，以及有效的担保和抵押物，因此融资贷款难度较大。即使能够获得贷款，也往往需要承担较高的利率和费用，进一步增加了服务主体的经济压力。

四是面向小农户的服务供给不足。农业社会化服务倾向于服务规模化生产、经济效益好的新型经营主体，造成面向小农户的服务供给不足，制约了小农户融入现代农业。由于存在信息不对称性，小农户往往缺乏对市场信息的了解和把握能力，难以找到适合自己的社会化服务，而社会化服务提供者也往往难以接触到需要服务的农户，使交易成本增加。此外，农业生产具有分散性，不同地区、不同类型小农户的生产条件具有显著差异性，对农业社会化服务的需求和要求不尽相同。农业社会化服务提供者限于自身能力，无法规模化地提供差异化服务。

三　现代农业社会化服务"绿能模式"的经验启示

（一）案例背景

江西省安义县地处赣西北，地形概貌为"五山一水三分田，一分道路和庄园"。数十年前，安义县外出务工或经商人口占全县人口总数的 80% 左右，农村空心化、土地撂荒现象突出，"谁来种地""怎么种地"等问题亟须解决。2010 年，江西省绿能农业发展有限公司（以下简称公司）应运而生，最初由村中能人领头，通过与当地村民签订土地流转合同和劳动雇佣合同，整合农业资源。如今公司已经发展成为一家集土地流转、水稻种植、水稻农业生产托管服务、种植技术推广研究、大米和米粉加工生产及销售于一体的农业龙头企业。公司以专业性服务合作社为纽带，为小农户、家庭农场等经营主体提供农业物资供应、农产品加工及市场销售的全过程托管的社会化服务，形成了经营和服务主体多方利益联结模式。公司明确了政府、村集体、企业、农户、合作社等各主体的角色定位，构建了有特色的"五端五化"稻米全产业链发展模式，即流转端规模化、生产端优质化、服务端社会化、加工端品牌化、销售端市场化，将水稻等传统产业变为优势产业，成功解决了土地撂荒问题，实现了以产业发展壮大村集体经济。目前，公司粮食种植面积达 31.8 万亩（自营流转面积 5.1 万亩，托管面积 26.7 万亩），年产值达 2.5 亿元。公司通过规模经营，不仅实现盈利，而且带动了农户致富，开拓了农业经营和社会化服务方式的新路径。

（二）主要做法

一是以"四金"富农，解决"无人种地"问题。公司自成立以来，就与 1.38 万户农民建立了紧密、可靠、稳定的利益联结机制，带动脱贫户 858 户（2212

人）、监测户 12 户（25 人），年均为脱贫户和监测户增收达 541 万元，累计为村集体增加经济收入 1380 余万元，帮助传统小农户转变成拥有租金、薪金、奖金、股金的"四金"现代农民。在保证农民合理流转利益的前提下，公司每年都会和村两委合作流转土地，按时支付流转服务费。对于一些愿意转出土地的小农户，可通过村集体将农地流转给公司，每年国家种粮补贴仍归承包户所有。2023 年，公司经营土地达 6.4 万亩，支付农户租金达 500 元/（亩·年）。其次，农户可前往公司就近择业，与公司签订劳动协议成为员工，每月定时发放工资，员工年均收入可达 5 万—6 万元。此外，公司在年初设立产量目标绩效考核，标准为"种植早稻的基本产量每亩达到 700 斤，再生稻两茬每亩为 1300 斤，晚稻每亩为 800 斤。超过基本产量 50 斤以下的，每公斤奖励 1 元；超产 50 斤以上的，每公斤奖励 2 元"，在年末对超额完成任务的农户发放超产奖金，有效调动了农户种植生产积极性。到 2022 年，公司累计发放年终奖 4315 万元。公司依托农民专业合作社党支部，引导农户通过土地入股等形式流转土地，农户可将土地资源量化为股份，按股分红，与公司利益共享、风险共担。

二是以"田保姆"助农，解决"生产性约束"困境。在现代农业发展过程中，小农户、家庭农场等经营主体普遍面临土地细碎化、有效劳动力不足、农业生产技术落后等生产性约束，公司建立了兼具独立性和协作性的土地流转合作社、农机服务合作社、生产资料合作社以及统防统治合作社4大专业性服务合作社。4大专业性服务合作社在为公司农地直接经营提供支撑的同时，也为家庭农场、种粮大户提供品种选择、农药化肥使用、机耕机收等服务，有效降低了各类新型经营主体的生产成本。为了让小农户也共享农业社会化服务，公司为小农户量身打造了全托管和半托管两种服务模式，提供农资、农机、技术指导、统防统治、销售、融资担保等耕、种、管、收等全过程托管服务，小农户可自由选择全托管、单环节或者组合叠加方式的"点菜式"服务，搭建了小农户与现代农业有机衔接的桥梁。公司充分发挥合作社党支部引领作用，通过加强与各大院校、科研院所合作，依托绿能新型职业农民培训学校，大力开展水稻栽培、田间管理、农机操作与保养及市场销售等业务培训，培养了一批懂农业、爱农村的"田教授"，解决了农村实用型专业人才不足的问题。

三是以"订单"帮农，解决"小生产与大市场"难题。为保障稻谷品质标准可控、增强产品竞争力，公司参与农产品加工、销售等环节，并为农户提供市场性专业服务。加工部门统一向农户提供粮食加工、仓储、运输等专业化服务，避免农户生产操作不规范等问题，有效改善小农户生产效率。公司在安义县、乐安县建设了仓储和烘干基地，日烘干能力达 960 吨。公司实行统购统销，销售部门与农户签订订单合同，2022 年订单面积达到 5.64 万亩。无论农户选择全托管服务还是半托管服务，公司都会将湿谷折算成干谷，并按照订单以高于市场价 10%—15% 的价格回收，提高了农户抵御粮价波动的风险。对于不利于机械化生产的耕地，公司会指导农户采取原生态的种植管理方式生产。公司建立了线上线下销售配送体系，线上与淘宝、天猫、供销 e 家等平台合作，线下设立百余家自有品牌大米经营实体店。公司注重建设和维护绿色产品品牌，有效利用新媒体的线上宣传力量，推广"绿能再生稻米"，先后打造"绿能大米""凌继河大米"两大品牌，目前"绿能大米"已取得绿色食品认证。同时，在安义县城开设集产品展示、体验品尝及直销配送于一体的"绿能九米空间体验配送中心"，带动"绿能大米"价格平均高出市场 10% 左右。农户借助"绿能大米"品牌的影响力，实现了收入增长。

（三）主要经验

一是充分发挥村组基层组织作用，促进农业适度规模经营。受利益冲突、沟通缺乏、信息不对称等因素影响，建立相互信任的关系对于企业和农户来说是极大的挑战。农户出于本能会担心收不到租金、想种地时没地种，造成一些农户宁愿撂荒也不肯流转。村组基层组织对于与当地政府、龙头企业、小农户等相关主体之间的沟通，具有天然的协调与组织优势。"绿能模式"隐含了非常丰富的互信内容，始终坚持农村基本经营制度，通过以村集体经济组织为纽带，在保证农民合理流转利益的前提下，由村组负责流转、生产和管理，实现整村整组流转，使原本分散且各自经营的地块逐渐连接在一起，破解了公司流转难的困境，促进了农业适度规模经营，同时壮大了集体经济。

二是高度专业化农业服务组织，提高农业社会化服务质量。土地经营权和农事操作权的分离可以促进农业生产性分工的深化，形成专业化生产服务组织，提高农业生产经营效率。高度专业化农业服务组织也有助于降低交易成本，为小农户融入现代农业发展浪潮提供机会。农户可以将自己不擅长的农业生产环节外包出去，劳动生产率能够得到有效提高。公司聘请了180多名专业人员从事水稻种植，建立了土地流转合作社、农机服务合作社、生产资料合作社以及统防统治合作社4大专业性服务合作社，分别为小农户、家庭农场等经营主体提供土地流转、播种插秧、农耕灌溉、打药收割、农资购买、虫害防治等专业服务，实现了在水稻全产业链中推进农业社会化服务的高质量发展。

三是拓展农业生产环节的社会化服务，引领小农户牵手现代农业。在城镇化深入推进、老龄化趋势加快的大背景下，农业生产环节的社会化服务的重要性日益凸显。同时，随着农户生计分化加速，已经形成了以种田为主要收入的纯农户、"农忙在家务农、农闲外出打工"的兼业农户和长年在外打工的非农就业农户，不同类型农户表达出不同的农业社会化服务需求。"绿能模式"正是针对不同农户差异化的现实需求，充分利用现代企业的资金、技术、管理与市场开拓等优势，推广现代农业生产理念与技术，重点拓展农业生产环节的社会化服务，破解了"让农民种粮容易，但让农民赚钱难"的难题，促进了传统小农户向现代小农户的转变。

四是培养新一代高素质职业农民，助力现代农业高质量发展。农村经济社会发展关键在人。在解决"谁来种地""怎么种地"问题的过程中，公司意识到仅凭老经验和一腔热血，干不好现代农业，必须培育新型职业农民。公司有针对性地选拔"种田能手"进行培训，使其掌握农业科技知识与技能，引导传统农民向现代职业农民转变。同时，公司与科研机构建立合作关系，为入职的年轻人免费提供食宿、工服和各类专业技能培训的机会，设计一条从普通操作员到技术负责人的晋升路线，让年轻的"职业农民"能看到发展前景，吸引了一批"80后""90后"加入，为现代农业注入了更多活力。

四　江西省建强现代农业经营 体系的路径选择

（一）创新现代农业经营模式

一是加快培育新型农业经营主体，促进各类经营主体增量提质。培育和扶持新型农业经营主体这支骨干队伍是构建现代农业经营体系的重中之重。要尽快明确界定专业大户、家庭农场、农民合作社、龙头企业等新型经营主体的规范标准、认定方法和登记办法，抓紧制定支持新型农业经营主体的政策措施，促进经营主体健康有序发展。要突出抓好农民合作社和家庭农场两类农业经营主体发展，支持有条件的小农户成长为家庭农场、农民合作社，鼓励社会资本下乡成为农业经营主体。要重点支持家庭农场、农民合作社、涉农行业组织在重要农产品稳产保供、本土产业链供应链培育中发挥骨干带动作用。要引导新型农业经营主体与科研院所、农业科技园区建立长期稳定的合作关系，促进科技成果转移转化，为增强经营主体市场竞争力、实现可持续发展能力提供支撑。

二是完善利益联结机制，推进各类经营主体深度融合。当前，各类农业经营主体间的合作还比较松散，深层次的利益联结机制仍不完善，基本上未形成固定而有约束力的行动规范。要鼓励不同经营主体之间的深度联合与合作，培育多种类型的农业生产合作组织，尝试建设加工、采购、销售团队，推动不同主体在经营过程中的深度融合。例如：推广"龙头企业＋农民合作社＋农户"组织带动模式，在不断提升新型经营主体发展数量和质量的同时带动农民增收致富；探索"订单收购＋分红""农民入股＋保底收益＋按股分红"等利益联结模式，开展土地经营权入股发展农业产业化经营，促进农业集约化、专业化、链条化发展，带动农户参与产业、分享收益、增收致富。

三是引导小农户开展合作与联合，提高小农户组织化程度。小农户的户均经营面积小、组织化程度低，缺乏市场竞争力。要支持小农户通过联户经营、联耕联种等方式开展生产，共同购置农机、农资，降低经营成本。要尽快出台相关政策文件，鼓励农民在自愿、平等、互利的基础上成立多种形式的自我管理、自我服务、自我发展的专业合作经济组织，不断提高农户进入市场的组织化程度。要引导小农户加入各类经济合作组织，充分利用已具有一定发展规模和水平的农民合作社，发挥提高农民组织化程度的功能，促进小农户和其他经营主体协同发展。要加大对以小农户为主体的合作组织的培育与扶持力度，以合作组织的需求为导向，分类分层完善扶持政策体系。

四是完善农村土地承包制度，发展多种形式适度规模经营。耕地集中连片是现代农业生产的基本要求。要完善承包地"三权分置"制度，建立县、乡、村三级土地流转经营平台，引导土地经营权规范有序流转。要加快构建现代农村产权制度，全面推进农村集体经营性资产股份合作制改革，发展新型农村集体经济。要引导土地向家庭农场、合作社等新型农业经营主体流转，形成农业适度规模经营模式。要把握"适度"总基调，充分尊重农民意愿，推广"适度规模经营＋社会化服务"的经营模式，促进小农户和现代农业发展有机衔接。要建立防止强行流转土地、防范规模经营风险的制度机制，构筑农业经营体系创新的"防火墙"，让农民成为规模经营的积极参与者和真正受益者。

（二）建立健全专业化服务体系

一是拓宽社会化服务领域，创新农业社会化服务方式。要鼓励农业社会化服务组织由单一服务转向全方位服务，拓展以粮棉油糖为重点，兼顾支持开展经济作物、畜禽水产养殖等领域的社会化服务。要将农业生产托管作为农业社会化服务的重点，因地制宜发展单环节、多环节、全程生产托管等服务模式，降低农民农业生产经营各环节成本。要深入实施农业社会化服务创新试点，引导有条件的市场主体建设区域性农业全产业链综合服务平台。要努力扩大公共社会化服务的覆盖面，将公益性农业社会化服务集中到农村地区，在现有公共服务资源不足的情况下，可通过政府购买服务的方式促进服务内容和形式多样化发展。

二是坚持内育外引、引育并举，强化农业社会化服务的人才支撑。高素质的农业社会化服务人才是优化现代农业经营体系的核心。要鼓励地方政府与当地职业学校、高校等合作，成立农业种养、农技、植保、农业生产与经营管理等专门技术服务机构，实施有针对性的人力资源开发。要面向全国高等农业院校招聘农业专业技术人才，完善基层农技人才队伍，打通农业科技推广的"最后一公里"。要推进职业农民素质提升工程，以种养大户、家庭农场主、合作社理事长、返乡农民工等为重点，加强职业技能培训，培育一批生产经营型、专业技能型、社会服务型职业农民。要提高农村人才福利保障，在人才薪酬保障、社会保障及生活保障等方面吸引更多高素质人才的加入。

三是服务和带动好小农户，推动传统小农户向现代小农户转变。发展农业社会化服务要坚持服务和带动好小农户，帮助化解土地流转、要素导入、产业对接的瓶颈障碍。要创新经营组织模式，将小农户纳入现代农业价值链，加大"农业产业化联合体"的建设力度，推广"优质平台＋基地＋农户"直供带动模式，重点建设一批"盒马村"、京东农场、天猫基地，实现产品变商品变爆品，让农民富起来、企业强起来、产业旺起来。要充分发挥村"两委"和村集体经济组织的制度优越性，借助村级组织的力量，构建"政府引导、村组主导、村民自愿、企业对接，协同多样、保障多元、风险可控、利益共享"的协同机制，解决小农户分散经营外部性社会高成本的问题，推动传统小农户向现代小农户转变。

四是完善监管激励机制，提高农业社会化服务体系的运行效率。农业社会化服务体系的运行效率高低取决于其监管激励机制。要加强行业规范管理，制定农业社会化服务标准，规范服务行为和操作流程。要加大监督和执法力度，建立健全举报投诉渠道和机制，及时处理和反馈举报投诉问题，坚决打击借服务之名，坑农、害农和扰乱市场竞争秩序的行为。要建立考核评价机制，定期对服务组织的服务效果、服务质量、服务满意度等方面进行考核评价，将评价结果与政策扶持、财政补贴等方面挂钩,以激励服务组织、提高服务质量。要建立农业社会化服务供需双方的信息平台和对接机制,加强服务供需双方信息沟通与共享,促进服务供需双方的匹配和对接,降低交易成本和风险。

专题报告三 江西省粮油产业由大到强的发展路径研究[*]

确保粮食安全是国家安全的重要基础，是治国理政的头等大事。江西省作为全国 13 个粮食主产区之一、我国南方主要的商品粮基地，一直承担着保障国家粮食安全的重要责任。近年来，江西省深入贯彻落实习近平总书记关于扩种油料、提升油料产能、保障油料安全的一系列重要论述和指示精神，推动粮油产业稳步发展。粮油产业是江西省现代农业发展的优势，做大做强粮油产业是建设农业强省的重要基础，但面临优质产品供给能力不足、产品精深加工能力有限、产业发展要素支撑薄弱等问题。为实现粮油产业由大到强发展，江西省应从夯实粮油生产基础、完善粮油产业体系及强化发展要素保障等方面发力，高质量保障粮油产业健康发展。

---

* 李家家，中国社会科学院大学应用经济学院博士研究生。

一　江西省粮油产业发展现状

（一）粮食生产持续丰收

江西省粮食播种面积基本稳定在 5500.0 万亩以上，占全省农作物播种面积的 66.0% 以上；全省粮食产量连续 10 年稳定在 430.0 亿斤以上。稻谷是江西第一大粮食作物，江西省稻谷播种面积和产量连续 10 年均保持在全国第 3 位，为保障国家粮食安全贡献了江西力量。近 10 年，全省稻谷播种面积在粮食播种面积中的占比超过 90.0%，稻谷产量全省粮食产量比例接近 95.0%。2023 年，江西省早稻播种面积 1803.2 万亩，早稻总产量 684.5 万吨，单位面积产量 379.6 公斤/亩。早稻播种面积和总产量居全国第 2 位，仅次于湖南省。江西省是我国重要的双季稻产区，双季稻种植面积占全省水稻播种面积的 70.0% 以上。2021 年，双季稻播种面积占全省水稻播种面积的 72.5%，居全国首位。

（二）油料作物扩面增产

江西省是我国油料作物的生产大省之一。近年来，全省各地千方百计提高油料作物生产潜力，多措并举促进油料作物扩种取得较好成效。2022 年，江西省油料作物（不含大豆、山茶籽）种植面积1106.25万亩，总产量137.5万吨。油菜是江西省种植面积第二大农作物和最大油料作物。近5年，油菜播种面积稳定在710.00万亩以上，占全省油料播种面积的70%以上；油菜籽总产量稳定在65.0万吨以上，占全省油料作物产量的55%以上。2022年，江西省油菜种植面积为786.90万亩，居全国第4位，占全国油菜总面积的7%。油菜籽总产量79.10万吨，居全国第8位。油菜籽单产达100.50公斤/亩，首次突破100.00公斤/亩，创下历史新高。

（三）基础条件不断夯实

一是建立耕地保护长效机制。近年来，江西省坚持底线思维，依据《全国国土空间规划纲要（2021—2035年）》，统筹划定耕地保护目标4004.59万亩、永久基本农田保护目标3545.46万亩，严守耕地红线，坚决遏制耕地"非农化"、防止耕地"非粮化"。严格落实耕地保护党政同责，层层签订耕地保护目标责任书。推行抛荒耕地兜底机制，建立"县负总责任、乡镇主导、村级组织、村民自愿"的工作推进制度，对季节性和常年抛荒耕地，由村集体协调流转，采取代耕代种、集中流转等形式开展生产。通过组织开展耕地流出问题排查整改，严格管控耕地转为其他农用地，

2022 年度全省耕地面积净增加 1.94 万亩，扭转了自 2019 年以来耕地数量逐年负增长的趋势，为全省粮食稳产保供提供了有力保障。

二是基础设施支撑持续增强。近年来，江西省持续推进高标准农田、田间道路、灌排沟渠、蓄水塘堰等农业基础设施建设，改善农耕生产条件，巩固粮食主产区地位。率先在全国通过省级层面统筹整合资金、发行专项债券等方式筹措资金，建立"省级统筹、县级使用"的资金管理新机制。截至 2023 年 4 月，江西省已累计建成高标准农田 2914.11 万亩，占全省耕地面积的 71.6%，超过全国平均水平近 20 个百分点。同时，江西省着力破解高标准农田建后管护等难题，统筹"建、管、用"一体，率先在全国建立了"县负总责、乡镇监管、村为主体"的建后管护新机制，鼓励各地积极探索农田管护"田长制"和社会化管护新模式，确保建成高标准农田长久发挥效益。经过持续努力，建成的高标准农田普遍达到了"田成方、渠相通、路相连、旱能灌、涝能排"的要求，项目区耕地质量等别平均提升约 0.5 个等级，土地流转率超 75.0%，粮食综合产能显著提升。2021 年，全省高标准农田建设项目区农田宜机化率达 80.0% 以上，比建设前亩均增加粮食产能 100 斤以上，亩均耕种成本节省约 150 元。

（四）科技含量持续提升

一是种业创新取得明显进展。良种是促进粮油增产的关键，近年来江西省坚持以种质资源保护为基础、以自主创新为关键、以种业企业为主体、以净化市场为保障，大力实施种业振兴行动。省科研单位和种业企业积极开展种业核心技术协同攻关，自主培育了一批突破性的新品种，如"赣香占1号""野香优航1573"等，种业创新取得明显进展。多年以来，江西省通过强化品种试验、完善审定标准，优化了品种结构、加速了优良品种推广，使全省的水稻主导品种实现了3—6次全面更换，良种更换速度由以前的10年缩短为5—6年，良种覆盖率增加到96.00%以上，优质稻品种已占全省水稻审定品种数量的75.00%以上，良种对农业增产的贡献率达到45.00%以上。油料作物也实现了优质品种基本覆盖，通过多年引种、示范和推广，全省优质品种种植比重达94.40%。

二是农业机械化水平大幅提高。近年来，江西省紧紧围绕实施乡村振兴战略，加快推进农业全程全面机械化进程，积极实施农机装备振兴行动，加快丘陵山地急需机具、智能农机装备的研发推广应用，提升农机社会化服务水平，强化农机装备推广体系建设。截至2022年年底，江西省主要农作物耕种收综合机械化率超过 78.87%；水稻耕种收综合机械化率达 83.93%，其中，机耕率 99.30%，机播率 49.82%，机收率 99.00%。为补齐水稻机械化种植短板，江西省加快推进水稻集中育秧设施建设，建立水稻机械化育秧中心，积极推广工厂化育秧技术运用。截至 2022 年年底，全省已建成水稻机械化育秧中心 315 个，单季育秧能力达 145 万亩。通过高速插秧机等购置补贴，江西省单季机插秧能力提升 260 万亩以上，助推水稻机械化插秧水平提升 5 个百分点以上。2023 年，全省早稻集中育秧率达 61.00%，同比提高 7 个百分点；早稻机械化种植率达 49.01%，同比提高 6 个百分点。

三是粮油耕作制度持续优化。近年来，江西省各地根据气候条件，因地制宜发展再生稻、稻油轮作和稻渔共生等多元化种植模式，在提高土地利用率的同时增加了农民收入。为达到"双季优收、一季双收"的目的，稻作科研团队提出了"优质晚稻早种—连种"与"优质晚稻早种—再生稻"两种栽培模式。当前，这两种栽培模式已在江西省的吉水、宜黄、崇仁、上高等地进行示范、推广，获得良好效果。"优质晚稻早种—连种"模式下的优质早稻每亩收益高出普通早稻 200 元，稻米市场认可度较高。"优质晚稻早种—再生稻"每亩纯收益超过 1000 元，远超出普通双季稻的收益。目前，"优质晚稻早种"模式推广面积已占全省早稻种植面积的 9.00%，亩均增产 45 公斤、增收 300 元左右。

（五）产业化经营取得明显成效

一是粮油生产利益联结机制逐步完善。近年来，江西省大力推广"龙头企业＋合作社＋农户"的发展模式，完善利益联结机制，积极引导种植户与企业对接，大力发展订单生产，实现农户与现代化农业大产业有效对接。同时，充分利用农村土地"三权分置"改革及市场配置资源的作用，引导粮油生产向集约化、规模化发展。截至 2021 年年初，江西省土地流转率已达 50.3%，一些县市 50 亩以上大户经营的耕地面积占当地总耕地面积的 70.0% 以上，粮油生产由"散户"模式逐步转为"大户"模式。此外，江西省围绕鄱阳湖区、赣抚平原、吉泰盆地和赣西粮食主产区，重点推动大米加工、米粉加工、油料加工的资源科学布局和整合，形成若干个"产购储加销"一体化、有特色的粮油产业集群。2021 年 4 月 28 日，江西省鄱阳湖稻米产业集群入选农业农村部、财政部"2021 年优势特色产业集群建设名单"。

二是产后服务体系实现全覆盖。自 2017 年以来，江西省启动实施粮食产后服务体系项目建设，总投资 16.5 亿元，3 年共建设 326 个粮食产后服务中心，涉及的县（市、区）共 79 个，占全省县（市、区）总数的 80.0% 以上，其中产粮大县 42 个，占全省产粮大县的 93.3%。此外，江西省农业部门补贴的烘干设备保有量达到 11340 台，产粮大县实现全覆盖。自粮食产后服务中心建成以来，各地创新服务方式，优化服务流程，主动对接种粮大户、合作社，加班加点提供代清理、代干燥、代收储、代加工、代销售"五代"服务，帮助种粮农民减少了损失。2021 年，全省 326 个粮食产后服务中心累计烘干粮食 526 万吨，累计清理粮食 483 万吨，带动全省农民增收近 3 亿元。

三是粮油精深加工加快发展。近年来，江西省支持企业扩大粮油精深加工产品的生产规模，优化产品结构，延长产业链条，开发营养化、专用化、多元化的大米、稻米油和米粉等具有地方特色的粮油产品，江西米粉、蒸谷米、白酒等大宗加工品加工量已占稻米总量的 2.0% 左右。并充分利用粮油副产品进行深度开发利用，提升粮油产品附加值。随着大米深加工技术的进步，留胚米、营养强化米等功能产品加工量逐年增加，米糠饲料、米糠油、大米蛋白、淀粉糖等精深加工产品不断成熟，加工总量接近稻米总量的 1.0%。从稻米全产业链角度来看，江西省稻米产业产值已突破千亿元，2020 年江西米粉年产量达 140 万吨，居全国第 1 位，占全国出口量的 60%，占据绝对领先的市场份额。

四是粮油品牌知名度持续提升。近年来，江西省深入推进优质粮油工程，大力实施赣产"中国好粮油"行动计划，不断做大做优做强品牌，重点打造区域知名品牌、小众高端消费品牌，如万年贡米、奉新大米、永修香米、宜春大米等。江西省稻米区域公用品牌建设主体通过多种宣传渠道和方式，不断提升品牌影响力。同时，江西省积极组织粮油企业参加各类展销活动，加大"江西好粮油"宣传推广力度，大力实施品牌战略，加大对江西米粉、江西山茶油、江西稻米油等特色产业的支持。2021 年，3 个粮油品牌获评"中国好粮油"产品；2023 年，25 个粮油品牌被授予"江西好粮油"产品称号。

二　江西省粮油产业发展面临的主要问题

（一）优质产品供给能力不足

一是种粮比较收益相对较低，农民种粮积极性不高。近年来，农药、化肥等农资价格持续上涨，而粮食收购价格波动较小，导致在"天花板"价格和"地板"成本的双重挤压下，农民的种粮收益受到侵蚀。尽管近年来稻谷收购价格略有提升，但农资价格上涨速度更快，尤其是化肥，涨幅达 25%—30%，导致水稻种植每亩的化肥成本增加了 100—140 元，远超粮食价格提升带来的收益，进一步挤压了种粮利润。此外，种粮外在风险如自然灾害、市场风险等因素的加剧也打击了农民种粮的积极性。近年来，江西省极端气候事件频发，洪涝、干旱、台风等气象灾害风险增加，病虫害频发。2022 年，江西省因遭受历史罕见的严重高温干旱，每亩粮食产量比上年减少 7.5 公斤，尤其是秋粮减产明显，全年全省粮食总产量为 430.4 亿斤，比上年下降 1.8%。

二是种源技术攻关成效不显著，核心种源缺乏竞争优势。整体而言，江西省的育种技术和方法创新能力还较弱，育种创新平台建设相对滞后，对育种基础性研究，以及重点育种项目缺乏长期稳定的支持。作为水稻主产区，江西省对水稻种子需求旺盛，但江西省种业公司呈"多、小、散、弱"的特点，自主创新能力普遍不足，科研投入有限，品种引进多而育成少。即便是一些有育种能力的企业，其育种手段也相对滞后、方法相对简单，成功育成的突破性品种较少，大多数品种仅具有丰产特性，而优质品种相对匮乏，尤其是缺乏口感好、品质佳的传统稻品种。就江西省作为第二大农作物的油菜而言，也缺乏新品种、新技术及高效防治病虫害的技术。

三是粮油绿色种植技术落后，产品附加值不高。首先，粮油绿色种植模式的推广应用仍不普及。一方面，江西省传统水稻种植技术以高产为追求目标，大量依靠化肥、农药，加剧了耕地重金属污染，严重制约粮油产业可持续发展；另一方面，目前留守农村从事粮油作物种植的劳动力多为老人、妇女等弱势群体，对现代精准化、减量化绿色栽培技术的接受能力和意愿不强，缺乏绿色安全生产意识。其次，高附加值产品生产滞后。虽然江西省地理环境优越，但具有高附加值的产品，如高端有机大米和富硒大米等，启动较晚，稻米增值生产技术应用水平较低，稻田综合种养和有机化种植的绿色生产方式仍处在探索阶段。

（二）产品精深加工能力有限

一是市场带动力强的龙头企业数量匮乏，带动能力较弱。首先，龙头企业竞争力亟待提升。近年来，江西省崛起了一批快速发展、规模较大的产业化龙头企业，但粮油龙头企业数量较少，大部分粮油企业规模较小、实力不强、分布较散。规模小、起点低的家庭作坊式企业数量较多，大多采用产销一体化的初级产品经营模式，缺少精深加工技术、产品和知名品牌。其次，主体之间的利益联结机制仍需强化。农产品加工企业主要通过市场交易获取原材料，与基地、农户之间的关系不够紧密，对产业的带动性较弱。产业链延伸较短，生产、购销、仓储、加工与销售环节之间缺乏紧密衔接，难以形成完整的产业联合体。

二是高端优质产品精深加工能力不足，竞争力不强。一方面，粮油加工企业综合创新研发能力较弱。江西省拥有众多粮油加工企业，但真正称得上龙头企业的数量极少，很多中小企业未设立研发创新平台，导致特色化、高端化产品及应用研发滞后市场需求。另一方面，深加工产品种类相对较少。由于受到设备陈旧、研发投入不足、加工技术和调配方法待提升等问题的影响，粮油加工企业在深加工转化方面的能力较弱，主要生产初级加工产品。以油菜籽加工为例，大部分油菜籽加工依然以乡村榨油作坊和小型榨油厂为主，规模化加工厂较为稀缺。同时缺乏注册品牌意识，产品单一，资源利用率较低。

三是粮油品牌建设系统性不强，品牌效应不显著。首先，品牌建设的基础尚未夯实。目前，江西省上市销售的粮油产品繁多，但品牌质量良莠不齐。以稻米为例，全省普通稻种植比例较高，种植品种不统一，难以为大米加工企业提供同一品种、品质卓越的原粮，制约了品牌建设的发展。其次，品牌的带动作用尚需加强。近年来，江西省在粮油品牌建设方面作出了一些努力，推出了一批"中国好粮油"和"江西好粮油"品牌，但特色粮油产业发展重点不够突出，难以形成有影响力的拳头产业、特色产区和品牌产品。最后，品牌传播渠道相对单一。农产品加工企业主要依赖传统门店销售，大多数大米加工企业甚至一些省级农业龙头企业缺乏专业的电商团队，再加上电商平台收费高、企业利润有限，导致通过电商销售平台的销售量不高。

（三）产业发展要素支撑薄弱

一是生产主体贷款难、融资贵问题依然突出。种植户在初期需要大量资金投入，包括支付地租、购买农机具和种子、雇用劳动力及支付生产资料等；粮油加工企业则需要大量资金用于稻谷收购。然而，种植户和粮油加工企业贷款面临较大难度，申请手续烦琐、认定条件复杂、审批时间较长。此外，一些企业无法享受到有关涉农惠农的融资政策，且银行贷款的利息较高，进一步增加了企业的融资成本。

二是科技支撑能力不足。一方面，生产技术难题多。在双季稻种植区，解决机械化种植难题的创新性技术尚未涌现；以减肥、减药为主的绿色生产技术有待进一步提高；适宜稻油轮作、晚稻早种等种植模式的良种仍需加强研究。另一方面，粮油机械化种植普及率仍不高。当前，江西省水稻机械化种植率仅为 49.82%，已成为制约江西省水稻机械化生产的主要环节。油菜的机械化种植水平也比较低，目前适用的小型播收农机少，许多地方仍采用传统的人工耕地条播、穴播、撒播方式，油菜机械播种环节落后明显。

三是人才队伍建设滞后。首先，基层农技人员不足，且呈老龄化趋势。近年来，江西省持续开展基层农技人员定向培养工作，但农技推广服务中心的工作人员仍然稀缺，任务繁重，真正在农村扎根、从事农技工作的人数相对较少。再加上人员老龄化和结构断层等问题，导致工作人员整体素质较低，无法满足现代农业发展的需求。其次，农业生产劳动力严重不足。随着农村劳动力大量向城市和非农产业转移，农业生产劳动力的素质下降、季节性和区域性劳动力短缺问题日益凸显。粮油生产的"主力军"年龄偏大，整体文化水平及科学素质不高，对新的科技更新反应较慢，更倾向延续传统的生产手段和耕作模式，许多高产高效新技术的推广依赖政策性补贴，推广缓慢。

三 促进江西省粮油产业由大到强的路径探讨

（一）夯实粮油生产基础

一是推进藏粮于地，提升粮油综合生产能力。耕地是确保粮油安全的重要基础，要着力加强耕地数量、质量、生态的"三位一体"保护。第一，确保耕地面积不减。落实耕地占补平衡和进出平衡制度，严格执行耕地用途管制，严防耕地转化为其他用地，坚决遏制耕地"非农化"和防止耕地"非粮化"倾向。第二，提升耕地质量水平。实施耕地质量提升行动，统筹开展耕地综合治理。稳步推进全省高标准农田建设，坚持建管并重，对农田基础设施进行提质改造，改善农业生产基础设施条件，实现粮油等主要作物大面积单产提升。第三，强化耕地生态保护。优化粮油作物生产区域布局，推进优势作物向优势产区集中。大力推广稻油轮作和稻渔综合种养等生态种植模式，做到种地养地结合，保障生态环境的持续健康。

二是坚持藏粮于技，塑造粮油产业发展新动能。第一，实施粮油全产业链的科技攻关。加强粮油作物种质资源的收集整理和保护开发，重点培育"美味、优质、畅销"品种；以降本增效为出发点开展技术攻关，推进节劳、节肥、节水、节药、节能等技术在粮油生产中的应用，提高资源利用率；加大对绿色加工、科技储粮、节粮减损、营养健康、现代物流等领域的研究创新支持。第二，完善粮油科技"产学研用"体系。健全粮油科技研发人才培育机制和农业科技服务网络，大力推广应用新品种新技术新装备，积极开展粮油绿色、高质、高效示范活动。加快推广科技特派员、"专家大院""科技农庄""科技小院"等多种农技推广模式，实现科技助力粮油产业"零距离、零门槛、零费用、零时差"。同时，加速建立专业技术协会、专业人才和农业科研单位等与粮油产业主体（如龙头企业、合作社、家庭农场等）之间的合作，形成资金投入、成果转化和收益共享的良性循环。

三是完善经营体制，健全粮油产业利益联结机制。第一，建设专业化粮农队伍。扶持一批粮油产业新型经营主体，鼓励种粮大户、家庭农场、农民专业合作社、农业企业等进行质量认证、培育特色粮油品牌和商标注册，不断提升粮油主体生产经营能力。第二，创新粮油生产经营方式。在市场需求的引导下，调整优化种植结构，培育和优选优质品种，发展优质粮油订单，建设优质粮油基地，增加优质粮油的供应。同时，以农村集体经济组织为抓手，采用土地整理、土地股份合作等方式，实现村域间的生产要素联合、生产销售合作。第三，健全农业社会化服务体系。鼓励农民合作社、农村集体经济组织、农业企业等多元服务主体深度参与粮油生产全过程。同时，构建多元主体、多样区域、丰富品类、规模不一的粮油社会化服务体系。对于小农户，可以采用土地托管、"农田保姆"等模式；对于规模经营的粮油主体提供菜单式服务，使生产前端和中端对标生态、高效、绿色的现代化农业，后端积极对接商品粮供给中高端市场，接轨数字农业和电商农业，打造农业社会化服务信息平台。

（二）完善粮油产业体系

一是做大做强粮油龙头企业，增强企业带动能力。第一，淘汰落后产能。应适应粮油市场化收购改革需要，通过直接投资、股权分配、兼并重组等方式，稳妥处置长期亏损、资产负债率高、停产半停产的"僵尸"加工企业。在创新组织形式的同时，实现国有粮企和社会资本的有效结合，优化管理模式，激发发展活力。第二，培育优质企业。做强做优做大一批以加工为龙头，集粮油生产、收储、物流、贸易、销售、信息于一体的粮油企业集团，提高抗风险能力，增强市场竞争力，充分发挥辐射、带动和示范作用。同时，要引入现代企业管理制度和运营机制，以提升粮企运营效率，实现资源优化配置。

二是启动实施粮油品牌提升行动，推进"品质＋品牌"双品建设。第一，打造特色品牌。采取培育区域品牌和建设自有品牌相结合的方式发展粮油品牌化经营，以区域品牌建设为核心，实施粮油专用品牌发展战略，突出地方优势、特色和特点，深度挖掘"老字号""原字号"品牌潜力，引导粮油加工企业优化产品结构，积极推动粮油品牌"走出去"。第二，提升产品质量。通过增品种、提品质、创品牌，保证优质粮油品牌化、标准化、规模化，从而培育一批有内涵、有文化、有影响、有竞争力的市场品牌，提高区域粮油和自有粮油品牌在市场上的竞争力。

三是构建全产业链经营模式，培育"产购储加销"一体化模式。首先，提高加工能力。鼓励企业延伸产业链，积极开发新型优质健康粮油产品，实现粮油精深加工和副产物综合利用的突破性发展，提高粮油加工转化率和增值率。其次，延伸产业链条。以加工为核心，向前后两端延长产业链条，培育"产购储加销"一体化的全产业链模式，推动一二三产业融合发展。向前与种粮大户、家庭农场、农民合作社等开展合作与对接，通过"企业＋合作社＋基地＋订单农户"等多种模式，掌握加工所需优质粮源；向后推动加工转型升级，建设粮油加工园区，加速资源、资金、资产集聚，形成一批辐射范围广、带动能力强的粮油加工产业集群，不断提升加工业价值链。

（三）强化发展要素保障

一是强化粮油产业发展的金融要素支撑。第一，优化金融市场环境。完善各环节的多元化金融服务，支持和引导多元主体为粮食市场化营销提供贷款，建立平稳的银行与企业间的合作关系，提升粮食企业的抵御风险能力和金融机构的风险辨识能力。第二，增加金融产品供给。推动各类金融机构创新信贷产品和有效服务模式，扩大贷款规模、调整贷款期限、合理确定利率水平，金融机构在业务范围内适当扩大粮油产品加工贷款业务规模，充分发挥农业开发性金融和政策性金融的作用，为本土粮油企业发展提供强有力的融资支持。

二是强化粮油产业发展的人才要素支撑。第一，完善粮油产业科研人才激励机制。发挥人才创新在驱动粮油产业振兴中的关键作用，不断完善分配方式和奖励形式，加强对粮油一线科研人员在职位、职称等方面的政策倾斜，优化留才、育才、引才环境。第二，完善知识产权制度。健全以知识价值为导向的利益分配制度，革新知识产权归属、使用和权益分配机制，增大科研机构和高校知识产权处置自主权，进一步提高科研单位及科研人员关于粮油新品种、新技术的收益分配比例，激发创新创业动力。第三，壮大基层农技队伍。通过定向培养和再教育方式，培养具有较高素质和专业水平的青年人才进入基层农技推广队伍，适度扩大农业主产县市农技人员数量；拓宽基层农技人员晋升渠道，制定以实际服务农业生产效果为考核目标的综合评价体系，留住基层农技人员，积极高效地打通农业科技成果转化的"最后一公里"。

三是强化粮油产业发展的财政政策支撑。第一，落实粮油相关补贴政策。在落实各类补贴政策的基础上，实行分类、分档奖励奖补机制，对粮油供给主体进行等级划分，根据规模、品质等进行差异化补贴。同时，加大对粮油作物种植保险的补贴力度，完善生产保险和收益保险；完善盘活撂荒耕地的奖惩措施。第二，稳定增加粮油产业科研投入经费。加大财政资金向粮油生产重点研究领域、优势农业科研单位和粮油人才队伍建设的倾斜力度，建立共性关键技术攻关和重点领域重大项目科研经费投入及时、有效、持续增长的机制，保障粮油科研工作。

专题报告四　江西省做好"土特产"文章的发展路径研究[*]

在"大食物观"的背景下，国家农业发展目标从侧重粮食安全向粮食安全、营养健康、"双碳"目标、韧性及共同富裕多元目标转变，"土特产"就是在这样的背景下提出的。产业振兴是乡村振兴的重中之重，也是农村一二三产业融合的实际切入点。江西省要推动农村一二三产业融合发展和产业振兴，就要在"土特产"这3个字上做好文章。江西省具有发展乡村"土特产"的优势，也面临种植经营仍处于初级阶段、加工环节有待提升、品牌营销水平不高、科技研发和技术使用滞后等问题。江西省做好"土特产"文章，需要推动土特产资源差异化发展、推动土特产生产经营高端化发展、提升农业产业综合实力、拓展土特产消费市场、加强科技创新和产品研发以及出台扶持引

　　* 王会颖，中国社会科学院大学应用经济学院博士研究生。

导政策等。

一　"土特产"的含义

"土"讲的是基于一方水土，开发乡土资源。要善于分析新的市场环境、新的技术条件，用好新的营销手段，拓宽视野用好当地资源，注重开发农业产业新功能、农村生态新价值，如发展生态旅游、民俗文化、休闲观光等。"特"讲的是突出地域特色，体现当地风情。要跳出本地看本地，打造为广大消费者所认可、能形成竞争优势的特色。"产"讲的是真正建成产业、形成集群。要延长农产品产业链，发展农产品加工、保鲜储藏、运输销售等，形成一定规模，把农产品增值收益留在农村、留给农民。产业梯度转移是发展趋势，各地发展特色产业时要抓住这个机遇。

在新形势下，"大食物观"为粮食安全赋予了新内涵，也为建立可持续的食物安全保障体系提出了更高要求。"大食物观"体现了国家农业发展目标从侧重粮食安全向粮食安全、营养健康、"双碳"目标、韧性及共同富裕多元目标的转变。"大食物观"的新内涵体现在：一是对象从"粮食"拓展到"食物"。二是生产资源从耕地拓展到全方位、多途径的食物资源。三是关注领域从侧重生产环节到全产业链食物安全。不仅关注农业作物种植和畜禽养殖，同时以食物产业链为载体向前拓展到动植物种质研发和要素投入，向后延伸到食物流通（储藏、运输、加工）和消费。从"供给导向"到"需求导向"，打通食物全产业链。江西省深入贯彻习近平总书记重要指示精神，把"大食物观"作为导向，力求做好"土特产"文章，探索农村一二三产业融合发展。

二　江西发展"土特产"的实践经验

（一）农业资源优势明显

一是地理位置孕育了品类众多的农产品。江西省有鄱阳湖平原、赣抚平原、吉泰盆地和赣南丘陵盆地4个农产品主产区，自古就是鱼米之乡。新中国成立以来全国有2个从未间断输出商品粮的省份，江西省就是其中之一，以占全国2.3%的耕地，生产了占全国9.8%的稻谷，产量稳居全国前3位。初步形成了大米、生猪、蔬菜、水果、水产、水禽、茶叶、中药材等主导产业。除此之外，江西绿茶、赣南脐橙、南丰蜜橘、广昌白莲、泰和乌鸡、鄱阳湖大闸蟹等久负盛名，尤其是赣南脐橙享誉世界。

二是食物资源丰富、历史悠久。江西省有被誉为世界稻作文化发源地万年县，有南丰蜜橘、瑞昌山药、婺源"荷包红鲤鱼"、万载百合等历朝贡品,"代代耕作,岁岁纳贡",因品优质好闻名天下,其间蕴含的民间传说生动、文化积淀浓厚。不完全统计显示,江西省历代进贡皇家的农产品有40多个,如广昌白莲、南丰蜜橘、泰和乌鸡、万年贡米等。

三是绿色环境养育了绿色的农产品。江西省被誉为中国"最绿"的省份之一,是全国首个部省共建"绿色有机农产品基地试点省"和首批三大国家生态文明试验区之一。习近平总书记视察江西省时指出,"江西生态秀美、名胜甚多,绿色生态是江西最大财富、最大优势、最大品牌,一定要保护好"①。2016年3月,原农业部批复江西以省为单位创建全国绿色有机农产品示范基地试点省。2021年,全省空气质量优良天数比例居中部地区第1位、全国第6位,国考断面水质优良比例居中部地区第2位、全国第8位。在这样的绿色环境下,绿色有机农产品发展优势明显。

(二) 产业发展初具规模

江西省先后出台了《江西省人民政府办公厅关于进一步加快农业产业化龙头企业发展的意见》(赣府厅发〔2008〕53号)、《江西省人民政府关于做大做强

---

① 《江西奋力打造生态文明建设高地》,2024年7月14日,求是网,http://www.qstheory.cn/2024-07/14/c_1130179369.htm。

农产品加工业推动农业高质量发展的实施意见》（赣府发〔2018〕35号）等政策文件，在财政、税收、金融、用地、用电、用水等方面出台一系列政策措施，大力支持农产品加工业及龙头企业发展，取得了显著成效。

一是产业规模不断扩大。经过多年的发展，全省规模以上农产品加工企业大幅增加，江西省农产品加工业与农业总产值之比与全国平均水平的差距逐渐减小，近年来已逐渐与后者持平。同时，江西省涌现出一批大型加工企业，如正邦集团、双胞胎集团在2018年分别实现营业收入663.53亿元、502.36亿元，位列中国企业500强、中国制造业500强、中国民营企业500强和农业产业化龙头企业500强企业榜单。

二是产业集群逐渐形成。全省各级政府充分利用资源和区位优势，积极引导龙头企业向优势产区集中，推进龙头企业集群集聚，发展相关配套产业，形成了一批企业分工协作、组织化程度较高、辐射带动效果显著的农产品加工业集聚区。例如，江西省景德镇市在农业产业化经营中已经逐渐形成了具有地方特色的农产品加工五大产业。

三是加工能力显著提升。经过多年的发展，农产品加工龙头企业遍布全省十大农业主导产业，初步形成了粮食、畜禽、水果、水产、蔬菜五大加工主导产业和茶叶、油料两大加工特色产业，产业链不断延长，生产能力持续提升。培育了一批由传统稻谷初加工转型为大米精深加工的企业集团，形成了一批地方特色水果加工企业，蔬菜、果品采后商品处理化率都有了大幅提升，基本实现了加工、冷藏、包装一条龙服务。

（三）市场范围扩大、层次提高

销售手段方面，江西省不断做大网店规模，畅通农产品流通销售渠道。目前，全国首个省级农产品电商监测平台进入试运行阶段。2023 年 1—5 月，全省通过电商平台销售的农产品销售额达 69.9 亿元，居全国第 16 位，同比上升了 2 位，增长 48.9%，高于全国 19 个百分点，并保持良好的增长趋势。

零售平台加成方面，江西省各地积极接洽盒马鲜生、山姆会员商店等零售超市，利用平台为单位农产品获取更多的收益。自 2022 年 11 月起，已有江西省赣州市寻乌县吉潭镇上车村、景德镇市蛟潭镇勤坑村包家坞、寻甸回族彝族自治县风合镇杨家湾村 3 个"盒马村"。

（四）扶持政策持续优化

一是财税支持加强。江西省出台《江西省人民政府办公厅关于印发江西省招大引强重点项目奖励实施办法的通知》（赣府厅字〔2022〕78号），不仅对满足条件的企业给予资金支持和税收优惠，还对满足条件的龙头企业当地政府给予奖励。

二是用地支持加强。指导各地做好国土空间总体规划编制工作，统筹农业产业化用地空间布局。例如，南昌市在用地政策方面，先后共为30余家龙头企业解决市级新增建设用地指标1500余亩，帮助7家龙头企业申报省级新增建设用地指标1140亩。

三是金融支持加强。对准备上市的龙头企业开展精准辅导，落实上市"绿色"通道，如南昌市引导正邦集团、煌上煌集团等一批经营好、实力强的企业走上了主板上市之路，并组织鄱湖股份、人之初等一批行业领军企业在"新三板"挂牌。引导金融机构做优做精"金农易贷"直通专区金融服务。推广"政银担"金融支农模式，优化各类支农模式贷款的风险补偿机制。深入开展"映山红"行动，鼓励龙头企业与国内知名科研企业开展合作。

（五）利益联结不断加强

江西省推行"龙头企业＋农民合作社＋农户"等利益联结经营模式，积极探索培育"龙头企业＋合作社＋家庭农场"的农业产业化联合体，比如：龙头企业江西省绿能农业发展有限公司自成立以来，与1.38

万户农民建立了紧密、可靠、稳定的利益联结机制，带动脱贫户 858 户（2212 人）、监测户 12 户（25 人），年均为脱贫户和监测户增收达 541 万元，累计为村集体增加经济收入 1380 余万元。

三　"土特产"实践过程中的瓶颈挑战

（一）食物多但不够"特"

农产品丰富，产量不少、质量不差，但"名""优""特"及响亮的品牌不多、竞争力不强，出口拳头产品偏少。当前，江西省"土特产"发展的统筹层次较低，各市县普遍缺乏具有整体性、长期性、差异化的"土特产"发展规划，低质同构现象突出。以地标产品为例，"重数量轻质量""重注册轻监管"的共性问题仍然普遍存在。有不少地标"土特产"均为初级产品和服务，加工深度和品质独特性挖掘不够，"小散乱"现象至今未发生根本改变，低质同构化趋势明显。比如"奉新大米"虽然已经成为区域公用品牌，但是品种繁杂，缺乏优势明显的品种。

（二）加工环节有待提升

一是企业数量少，市场规模小，以小散弱企业为主。经过多年的发展，江西省农产品加工业虽然在产业规模上不断扩大，并且涌现了正邦集团、双胞胎集团、煌上煌集团等大型农产品加工企业集团，但从整体上看，全省农产品加工龙头企业依然存在规模不大、实力不强的问题。决定龙头企业整体综合实力的超亿元以上、超 10 亿元以上企业的数量不多，没有形成集团军效应。

二是企业生产效率低，基本处于作坊式的手工生产阶段，成本高、效率低。不少"土特产"仅在市内及周边地区销售，"土特产"销售具有极大的区域性限制，范围狭窄，经营本省"土特产"，本土营销。产业链较短和融合不强，产业"链"延伸不够。比如，南昌县作为江西省粮食（稻谷）主产县，年产稻谷约 16 亿斤，年粮食加工量超 40 亿斤，目前粮食加工企业 66 家，粮食烘干企业 9 家。但这样规模的粮食主产县的粮食加工企业仍然以简单化、粗放式经营为主，企业竞争力低，粮食加工、转化利用率低，深加工不足，产品结构单一，同质化现象严重，企业效益不高，利润率低。

三是产品单一，产业链条短，大部分农产品仍是初级产品，加工也是以传统粗工艺为主。农产品精深加工的开展和产品附加值的提高仍有困难，制约了农产品加工龙头企业的发展。例如：谷物衍生产品开发不够，米乳、米蛋白等附加值高的加工企业极少，米糠饲料、米糠油、大米蛋白、淀粉糖等精深加工产品加工总量不到稻米总量的 1.0%；南丰蜜橘年均产量 26 亿斤，但深加工率仅为 2.0%，正常年份的烂果率在 7.7% 左右，在天气不好或市场滞销时烂果率甚至高达 20%。

（三）品牌营销水平不高

一是品类没有统一标准，鱼龙混杂，无法形成合力。虽然江西省农产品加工企业通过大力推行"区域＋企业"的品牌发展模式，但从市场反应来看，品牌价值尚未充分体现，企业品牌竞争力依然不强。区域品牌使用并无任何门槛限制，一些产品质量不佳的农产品加工企业也使用区域品牌，在市场上会产生"劣币驱逐良币"的现象。就企业品牌来看，江西省缺乏在全国具有较强竞争力的企业品牌。此外，一些农产品加工企业长期缺乏品牌管理和推广意识，造成品牌"有名无价"，例如，"石钟山"牌湖口豆豉是中国驰名商标、中华老字号，但企业长期忽视品牌建设，导致该品牌在消费者的群体认知度逐渐下降，制约该品牌进一步做大做强。

二是品牌打造欠缺，附加值不高。部分"土特产"虽然进行了认证，但是品牌打造还停留在注册认证阶段，有认证标志、没有品牌标志成为普遍现象。"土特产"标准杂，标准化程度低，真假难辨问题突出，直接影响消费者的购买意愿与正规从业者的市场信心，市场影响力有限，溢价效应不突出。因此，省内品牌产品在全国市场占有率仍然较小，地方政府和企业反映高端销售渠道较少或难以进入。

（四）科技研发和技术应用滞后

一是种业研发滞后。以渔业为例，全省淡水鱼苗产量为291.3亿尾，不到全国鱼苗生产总量的3%，且绝大部分为四大家鱼等常规品种，至今没有真正在全国具有影响力的水产种业企业。渔业产学研推用一体化建设滞后，省内涉及水产的科研院所与产业发展需求的结合度低，合作意识不强。关键技术难题处于内部消化状态。

二是机械装备不匹配。江西省农业机械化存在三大问题："无机可用"，丘陵山地特色经济作物缺乏必要机具；"有机没法用"，农机具通行条件差，影响丘陵山地农机通行；"有机不知道用"，基层农机推广体系缺失，人员缺失，制约新技术推广。

三是企业研发投入少。科技创新是龙头企业发展壮大的内在动力，但从整体来看，江西省农产品加工龙头企业存在研发投入少、科技创新能力较弱的状况。2016年，江西省规模以上农产品加工企业研发投入仅

为 21.99 亿元，2017 年上升到 28.56 亿元。而在
2016 年，山东省省级以上重点龙头企业研发投入已达
到 69.00 亿元，为同期江西省全部规模以上龙头企业
的研发投入总和的 3 倍以上。

四　做好"土特产"文章的对策建议

要做优做强"土特产"，主要发展思路如下：从第
一产业向第二、第三产业转变，加快产业融合发展；
从农产品生产向运输、销售等方向转变，打通整个产
业链条。不同时期、不同阶段的"土特产"，其战略
定位和发展规划要有所区别。对于尚待挖掘的"土特
产"，要从"土"上下功夫，改良"土特产"的生长
土壤，扩大生产规模，并赋予特定的文化价值。对于
已有一定规模的"土特产"，要从"特"上下功夫，
深入挖掘产品的特点，把规模优势转化为特色优势，
形成自己的特色。对于已有知名度的"土特产"，要
从"产"上下功夫，促进产业集群，延长产业链，加
快一二三产业融合发展。

(一) 推动"土特产"资源差异化发展

"土特产"资源差异化主要从生产端入手，一方
面，选择少数"土特产"进行规模化、标准化生产，

并长期扶持。创建绿色食品原料标准化生产基地、有机农产品示范基地，与电商平台合作推动品种培优、品质提升和标准化生产。另一方面，走绿色发展之路，减少农药化肥使用，整治污染，推进"五河"禁捕退捕工作，探索农业绿色发展新路径。

（二）推进"土特产"生产经营高端化发展

一是集中力量打造优势特色产业"单项冠军"，优选主导产品，做大做强江西省水稻、生猪、柑橘等优势产业，做优做特小龙虾、大闸蟹、三只鸡、茶叶、中药材等特色产业，并扩大江西省鳗鱼、米粉干、茶叶、脐橙等农产品出口的拳头产品的影响力。

二是加强加工能力和疏通流通堵点。以"粮头食尾""农头工尾"为抓手，提升精深加工转化增值能力，同时加快发展主产区大宗农产品的现代化仓储物流设施。

三是让江西农产品真正成为安全优质农产品的"代名词"。高位打造一批全国知名的绿色有机农产品标准化生产基地，推动"江西绿色生态"农产品全产业链标准化建设。同时，落实农产品质量安全的相关责任，大力推进绿色、有机、地理标志农产品的生产，推行食用农产品达标合格证制度。

四是通过数字技术能力促进"土特产"的规范发

展。制定"土特产"品牌产品鉴伪快速检测技术标准、产品分级标准。推动政府、企业、高校及科研机构开展"土特产"标准化、数字化重大课题联合攻关。重点通过数字手段实现产品和服务质量的溯源化、品牌化、标准化，共建"土特产"使用标准。

（三）提升农业产业综合实力

一是科学制定区域规划，打造农产品加工产业集群。为实现这一目标，先要设立农产品加工专项基金，并创设由有实力的行业龙头企业牵头的全省农产品加工科技创新联盟。同时，应采取市场化运营方式，根据"土特产"资源禀赋和产业基础，分区域建设赣南、赣东北、赣西、赣中产业示范园区。依据全省产业集群化发展的空间布局，打造中部地区重要农产品精深加工基地。运用全产业链思维，针对绿色农产品精深加工、生物技术、智能农机、智慧农业等产业，瞄准水稻、果蔬、茶叶、中药材等特色优势产业集聚程度高的地区，重点引进和培育壮大一批产业链条长、科技含量高、影响力强、示范带动广的农业龙头企业、"链主"企业、上市公司、行业头部企业和大型企业集团。

二是突出招商引资重点，从农产品加工业高集聚地区引进企业集团。在近期江西省扶持培育龙头企业较为困难的情况下，可考虑从农产品加工业高集聚地区引进企业集团。具体来说，预制菜龙头企业可重点从《2022中国预制菜产业指数省份排行榜》前3位的广东省、山东省、江苏省的大型企业集团引进，农副食品加工业可重点考虑从全国集聚程度排名前3位的山东省、河南省和湖北省引进大型企业集团，食品制造业可重点考虑从全国集聚程度排名前3位的广东省、河南省和福建省引进大型企业集团，饮料制造业可重点考虑从全国集聚程度排名前3位的四川省、贵州省和江苏省引进大型企业集团。通过这些措施的实施，可以进一步推动江西省农业产业的快速发展。

（四）拓展"土特产"消费市场

一是高起点打造江西各类"土特产"公用品牌。要优化农业品牌标准化建设。建立优质农产品标准体系和认证体系，推进"赣鄱正品"全域品牌创建，破除地方保护主义行为，统筹协调推动"一地多标""一品多标"变为"多标合一"。完善"赣鄱正品"品牌体系。引导企业整合自有品牌，重点打造核心品牌。要健全农产品标准体系和品牌质量安全体系。构建品牌生产者与销售者征信体系，提高违规处罚力度。加强行政执法活动和农业品牌维权活动，促进行业自律。严格落实"土特产"属地管理责任，统筹协调各部门间的认定和保护衔接机制。加强全过程质量监督管理，严厉打击侵害地标农产品权益等违法行为。要注入江西省特色文化，提升农业品牌价值。充分挖掘江西省绿色生态优势和美丽乡村资源。将农产品的物质消费与美丽乡村的精神消费相结合。促进江西省农耕文化、地方文化等注入农业品牌，成为"江西绿色生态"标准品牌的灵魂。

二是加强线上主流营销平台建设和拓展线下高端营销渠道。继续努力对接主流电商和零售平台，助力农业产业化做强做大。在各地探索网络直播销售的同时，组建工作专班，全面对接阿里巴巴、京东、拼多多、抖音等主流电商平台。线下重点与盒马鲜生、山姆会员商店、华润万家等高端商超合作，争取上架，与米其林的星级店、黑珍珠的钻级店、千百味、新荣记等高端餐饮企业，加快合作进度，实现食材供应。举办江西省农产品对接销售平台和商超餐饮专项培训班、预制菜争霸赛、江西省优势农产品进驻盒马鲜生对接会、进驻京东集团对接会、邀请深圳市圳品集团有限公司及华润生鲜采购团队来赣调研选品等系列活动。加快与阿里巴巴、京东等电商平台合作共建一批"盒马村"、京东农场。

三是加强品牌宣传和消费教育引导。加强"土特产"品牌宣传，激发全国"土特产"消费热情。在全国范围内打造以"土特产"为主题的线上线下购物节，激发消费者的消费热情并扩大农产品销路，加速"高质量农产品—农民增收"的乡村振兴正循环，打造多方共赢、可持续发展的模式，形成共同富裕的共同体。例如，进一步做强国家级鄱阳湖小龙虾产业集群，推动建设甲鱼、鳗鱼、河蟹、泥鳅等地方优势特色产业集群。引导企业发展精深加工，鼓励开发鳗鱼、小龙虾、大鲵、鲟鱼、龟鳖等加工产品，支持水产品初加工和冷藏保鲜设施设备升级改造，加大"鄱阳湖"品牌推介力度，创新举办龙虾节、虾蟹节等品牌节会。

（五）加强科技创新和产品研发

一是推进各类农产品种业振兴。强化科技创新攻关，聚焦种业战略性、方向性重大科学问题和关键技术环节，联合省内外具有较强创新能力的科研院校、种业企业，开展优势品种联合育种攻关及产业化推广应用，打好种业翻身仗。强化关键技术创新，围绕循环水设施渔业养殖关键技术、大水面生态容量评估与净水渔业技术、大宗淡水鱼新型养殖模式构建、渔业病害绿色防治技术等领域开展技术攻关。

二是加强适合丘陵地区的机械设备研发，提升机械化水平。要推进农田宜机化改造行动。在高标准农田建设的基础上，大力推进丘陵地区坡耕地农田宜机化改造，为农机具通行和作业创造便利条件，以保障国家粮食安全。按照"宜机则机""宜地则地"的原则，分步骤、分区域推进缓坡果（茶、菜）园和丘陵地区果（茶、菜）园的宜机化改造，推动良种良法配套、良机良地互适。要强化农机装备创新研发能力建设。每年由省财政安排专项经费，围绕有可能形成江西省独特技术优势、能形成产业链的果（茶、菜）生产全程机械化装备、水稻全程机械化短板设备，以及畜牧水产养殖机械、智能农机、丘陵地区农机装备等进行技术研发与重大技术集成推广。同时，通过"内培外引相结合"的方式，推动农机装备产业做大做强。

（六）出台扶持引导政策

一是加快供应链基础设施建设。建议国家设立专项资金对农村地区特别是偏远落后地区"土特产"供应链基础设施建设进行重点扶持，着力支持"土特产"仓储冷链保鲜物流设施建设，提升流通效率，降低物流成本。加快建设全国统一的"土特产"数据信息服务平台，鼓励具备实体供应链基础设施、运营经验和数字技术能力的新型实体企业参与"土特产"产业带的供应链规划和基础设施建设，培育产地电商供应链"链主"企业，提升产地农产品供应链数字化水平。

二是搭建服务平台。政府牵头搭建的平台能够为农产品的交易和企业之间的合作提供便利。比如南昌的国家粮食交易中心，组织实施地方政策性粮食（含各级政府储备粮）交易、资金结算管理、出入库纠纷协调，以及省内交易体系建设、搭建区域性产销合作平台等工作，这种模式可以在各地进行学习推广。

三是建立健全金融支农政策体系。积极发挥政策性金融的骨干作用。积极联系、协调国家开发银行、中国农业发展银行及中国农业银行"三农金融事业部"为农业和农村基础设施建设提供长期限、低利率的资金，发挥其金融支农的骨干作用。设立农村金融产业发展基金。通过财政主导发起、金融资本参与、社会资本补充的方式设立农村金融产业发展基金，整合优势资源，撬动社会资本，分散运营风险，扩大农村金融供给。

专题报告五　江西省建设宜居宜业和美乡村的路径研究*

　　以"宜居宜业和美乡村"为重点的农村现代化建设不仅是实现农业强国的根本路径，也是中国式现代化的标志。农业强省是农业强国建设的重要抓手，建设"宜居宜业和美乡村"是实现农业强省建设的重要支撑，也是推动农村现代化的必要条件。江西省位于长江中下游的鄱阳湖平原区域，农业资源充足，物产丰富，是名副其实的农业大省。近年来，江西省政府出台了一系列政策文件，推动建设"宜居宜业和美乡村"和农村现代化。然而，江西省作为中部农业大省，与农业强省要求的乡村建设水平还存在差距。为此，江西省要加快补齐农村基础设施短板弱项，助推农村公共服务能力持续提升，持续推进环境整治和生态治理，着力提升乡村治理效能，传承发展优秀传统文化，

---

　　* 郭燕，中国社会科学院大学应用经济学院博士研究生。

以县域为基本单元持续推进城乡融合发展。

一　江西省宜居宜业和美乡村建设现状

近年来，江西省在推进宜居宜业和美乡村建设方面取得了显著成效。通过统筹规划、加大投入、推动改革等措施，农村基础设施条件、公共服务水平、乡村治理水平、乡村社会文明程度与城乡融合发展得到改善，农民群众的获得感、幸福感、安全感得到了提升。

（一）农村基础设施条件不断改善

基础设施不仅是使"农村基本具备现代生活条件"的必要保障，也为乡村产业的发展提供了基础保障。江西省着重在农村基础设施建设与管护方面采取了一系列有力措施，有效提高了农村基础设施建设水平。

在交通运输方面，通过"千万工程"经验和"四好公路"建设，江西省显著改善了农村交通条件。截至 2022 年年底，江西省普通国省道覆盖了全省 86% 以上的乡镇，100% 的乡镇和 100% 的村组通了水泥（油）路，100% 的乡镇具备条件行政村通了客运①。在农村饮用水安全领域，江西省推动实施农村饮水安

---

① 《江西交通概况 2023》，2023 年 7 月 14 日，江西省交通运输厅官网，http：//jt. jiangxi. gov. cn/art/2023/7/14/art_ 33967_ 4561843. html。

全巩固提升工程，推行城乡供水一体化，不断提升农村供水基础设施建设及供水服务水平，保障了农民的饮水安全。电力设施的普及和升级也取得显著成效，江西省全力开展农村地区电网建设，农村地区电网供电保障能力得到提升，城乡电网协调发展。2022 年农村地区电压合格率达 99.80%，供电可靠性提升至 99.82%[①]。此外，农村信息化建设也在稳步推进，江西省不断弥合城乡"数字鸿沟"，推动现代信息技术向农业农村各领域渗透融合。截至 2022 年，江西省已建成省、市、县农产品运营中心 105 家、益农信息社 1.4 万家，覆盖了大部分农村地区。

(二) 公共服务水平不断提升

农村公共服务水平的提升可以改善农村居民的生存和发展环境，有利于缩小城乡差距，推动城乡一体化发展。在推动宜居宜业和美乡村建设中，江西省显著提升了农村公共服务水平，持续增强公共服务能力。

在乡村教育方面，江西省对农村学校基础设施进行了大规模投资，显著改善了办学条件。截至 2021 年，共投入 291.06 亿元用于改善办学条件，新建和改

---

① 《图文实录"江西这十年"系列主题新闻发布会（电网发展专题）在南昌举行》，2022 年 9 月 28 日，江西省人民政府官网，http://www.jiangxi.gov.cn/art/2022/9/28/art_5862_4159922.html。

建学校达 15816 所[①]。此外，江西省还启动乡村教师的定向培训，确保教育质量的全面提升。在养老服务方面，江西省加快了农村养老服务设施建设，构建了完备的养老服务体系，老年人保障制度更加健全。截至2023 年，建有农村互助养老服务设施 1.49 万个，覆盖88% 的行政村[②]。在医疗服务方面，江西省加强了基层卫生服务机构建设，截至 2021 年年底，有乡镇卫生院1588 个、村卫生室 27189 个。同时，通过建立省、市、县、乡、村五级经办服务体系，实现了医保服务的便捷化[③]。另外，政府还注重医保政策的实施，确保了农村居民医疗保障的有效性。

（三）农村人居环境整治成效明显

通过总结学习"千村示范、万村整治"工程经验，江西省引导加快宜居宜业和美乡村建设，全省农村环境面貌得到显著改善。目前，江西省宜居村庄整治建

---

① 《江西举行"百年辉煌红土地　感恩奋进谱新篇"庆祝建党百年发布会（第二场）》，2021 年 7 月 6 日，中华人民共和国国务院新闻办公室官网，http：//www. scio. gov. cn/xwfb/dfxwfb/gssfbh/jx＿13839/202207/t20220716＿236371. html。

② 《图文实录　基本养老服务体系建设及养老服务提质升级三年行动新闻发布会在南昌举行》，2023 年 7 月 20 日，江西省人民政府官网，http：//www. jiangxi. gov. cn/art/2023/7/20/art＿5862＿4539259. html。

③ 《图文实录　推动江西医疗保障事业高质量发展新闻发布会在南昌举行》，2023 年 10 月 13 日，江西省人民政府官网，http：//www. jiangxi. gov. cn/art/2023/10/13/art＿5862＿4627943. html。

设覆盖率达 90% 以上，农村人居环境整治连续 5 年荣获国务院督查激励表彰。

一是扎实稳步推进厕改工作。自 2021 年以来，江西省共完成新改建农村卫生户厕 50 多万户，农村卫生厕所普及率提升 4 个百分点，全省农村卫生厕所普及率达到 78.2%，高于全国平均水平约 5 个百分点。

二是不断完善生活垃圾处理体系。政府部门坚持城乡环卫一体化治理思路，所有行政村基本纳入"村收集、乡（镇）运输、区域处理"生活垃圾收运处置体系，农村生活垃圾收运处置体系实现全域覆盖，农村环境卫生得到持续改善。

三是持续加强农村污水治理。截至 2023 年 4 月，江西省已建成农村生活污水处理设施约 7500 座，农村生活污水治理率达 34.8%。四是扎实开展美丽示范创建。创建美丽宜居先行县 39 个、美丽宜居乡镇 745 个、美丽宜居村庄 8313 个、美丽宜居庭院 100 万个，打造美丽宜居示范带 704 条。五是强化村庄环境长效管护。江西省全域推行"五定包干"村庄环境长效管护机制，坚持建管用并重，突出系统化、规范化、长效化的机制建设，将 15.8 万个村庄纳入"万村码上通"平台监管，问题处理完结率和群众满意率均达到 95.0% 以上①。

---

① 《图文实录 "加快建设农业强省　推进农业农村现代化"新闻发布会在南昌举行》，2023 年 10 月 25 日，江西省人民政府官网，http：//www. jiangxi. gov. cn/art/2023/10/25/art_ 5862_ 4642209. html。

（四）乡村治理效能有效提升

乡村治理是建设"宜居宜业和美乡村"的重要内生力，加快推进乡村治理体系和治理能力现代化是全面建设乡村振兴，加快实现农业强国的必由之路。江西省以"党建＋乡村治理"为抓手，切实加强基层党组织建设，完善健全自治、法治、德治相结合的乡村治理体系，乡村治理取得明显成效。

一是重点强化农村基层党组织建设。2021年，江西省向重点乡村选派驻村工作队5500余个、驻村干部1.7万人，实施新时代基层干部主题培训行动计划，培训近34万人次。同时，江西省优化村"两委"班子结构，增加村支书、主任"一肩挑"比例，推动村级组织的规范运转。

二是提高村民自治水平。江西省完善村民民主决策体系，上饶市推崇村事由村民共商，吉安市遂川县人民政府出台《关于加强村级"小微权力清单化"运行监督的实施方案》，规范了"小微权力"，加强了民主监督。同时，积极探索使用"积分制"和"数字化"管理模式激励村民的参与意识，吉安市通过"积分淘宝店"等平台，将村民日常行为转换为积分，激发村民参与乡村治理。

三是加强农村法治建设，截至2023年，全省共创建国家级民主法治示范村（社区）174 个①。上饶市开展"法律进乡村"宣传教育，宜春市积极培养"法律明白人"，南昌县为特殊群体开辟法律援助绿色通道，共同促进农村法治水平的提升。

四是深入推进农村精神文明建设。江西省开展传承提升家规家训活动，将传统美德融入乡村治理中，提升村民的道德素质和家庭伦理观念。乐安县将移风易俗纳入村规民约，樟树市车埠村开展家风家训创建活动。

（五）乡村社会文明程度不断提高

凭借深厚的文化底蕴，江西省在乡风文明建设上取得了显著成就，乡村社会文明程度得到显著提升，村民精神风貌有所突破，形成了崇德向善、见贤思齐、德者有得的良好氛围。

江西省在移风易俗和文化振兴方面取得了显著成效。政府和群众联合推动了社会风尚的变革，特别是在限制高价彩礼、鼓励简婚节礼等婚俗改革方面。贵溪市建立了婚俗改革基地，举办了多种婚俗新风活动，逐步改变了农民群众的传统婚俗观念②。此外，各地

---

① 《江西新增 43 个全国民主法治示范村（社区）》，2023 年 2 月 8 日，中国江西网，https：//www. jxcn. cn/system/2023/02/08/019938854. shtml。

② 《【鹰潭】贵溪市彩礼"降温"、红娘"持证上岗"，婚俗改革为爱"减负"》，2023 年 6 月 21 日，江西省人民政府官网，http：//www. jiangxi. gov. cn/art/2023/6/21/art_ 15845_ 4507239. html。

还积极推广厚养薄葬的理念，政府出台补贴政策减轻农民丧葬负担，有效弘扬文明乡风。江西省还举办了丰富多样的文化活动。九江市积极组织"农民趣味运动会""新时代乡村阅读季"等农村文体活动，不断丰富农民的精神生活。南昌县通过举办本县"村晚"和定期"读书会"，激发村民参与文化生活的热情。江西省还注重传统文化的传承和创新。九江市前进村建立了村史馆，通过展示老物件和故事来讲述村庄的历史；共青城市将西河戏与现代文明实践相结合，展现乡村文明的新气象①。各地乡村挖掘红色文化和农耕文化资源，建立文化展示空间，增强乡村文化内涵。

（六）城乡融合发展取得重大进展

城乡融合发展是建设宜居宜业和美乡村的重点任务。江西省着重在深化农村土地制度改革，促进新型农村集体经济发展，推动城乡资源的优化配置与共享，促进农村一二三产业融合发展等方面寻求突破，持续缩小城乡居民收入与生活差距。

一是持续深化农村改革，促进村集体经济发展。

---

① 《江西省九江市：文明新风"滋养"美丽乡村》，2023 年 10 月 30 日，人民网，http：//paper. people. com. cn/zgcsb/html/2023-10/30/content_ 26024358. htm。

江西省积极推行农村土地流转制度改革与农村宅基地改革和管理，促进土地资源的优化配置。宜春市累计启动2.25万个自然村宅改工作，覆盖所有秀美乡村建设点100%。九江市通过农村集体产权制度改革，全市村集体经济发展取得明显进步。全部村集体经济组织经营性收入均达到10万元以上，全市24597个农村集体总资产为132.49亿元。

二是重视城乡人才资源的优化配置。江西省出台多项政策，鼓励城市人才向农村流动，助推农村人才的培育和引进。抚州市制定城市人才下乡服务乡村振兴政策，南昌市的"绿领农民"培育工程，均促进了农村人才的培育和引进。

三是通过一二三产业的融合发展为农民创造更多就业机会，增加农民收入渠道。例如，德兴市花桥镇利用竹资源发展完整的竹产业链，增加农户收入，推动生态和经济的和谐发展。① 四是城乡居民收入与生活差距持续缩小。"十三五"时期以来，江西省农村居民人均收入与人均消费支出持续较快增长，且增速持续高于城镇居民，城乡居民收入比由2016年的

---

① （乡村行·看振兴）江西德兴：一根竹子串起的富民增收"绿色产业链"》，2023年10月30日，中国新闻网，https：//www.chinanews.com.cn/cj/2023/10-30/10103210.shtml。

2. 36：1 缩小到 2022 年的 2. 19：1[①]。

二　江西省宜居宜业和美乡村建设
面临的短板与制约

从整体来看，江西省农村基础设施不断完善，公共服务水平持续提升，人居环境整治成效明显，乡村治理效能有效提升，乡村社会文明程度有所改善，城乡融合发展取得重大进展，在宜居宜业和美丽乡村建设上取得显著进展。但对照"让农民就地过上现代文明生活""让农村既充满活力又稳定有序""农民不仅物质生活要富裕，精神生活也要富足"等实际要求，江西省乡村建设工作还存在一些短板，与农业强省有一定差距。

（一）农村基础设施建设有待加强

江西省在农村基础设施建设方面仍然面临多项挑战，这些挑战对农业现代化和宜居宜业和美乡村建设产生负面影响，不利于农村居民过上现代化的生活。

一是网络基础设施不足。江西省网络基础设施建设和应用水平存在明显的地区差异，特别是在边远地

---

① 2016—2022 年，全国城乡居民收入比分别为 2.72：1，2.71：1，2.69：1，2.64：1，2.56：1，2.50：1，2.45：1。

区。网络信号盲区限制了信息流通，影响了农业科技的普及和农业生产效率。

二是农村商业网点布局和规模需要优化。江西省农村的商业网点数量和规模普遍偏小，布局分散。同时，互联网平台企业在农村地区的覆盖范围不广，影响了农民的生活质量和经济发展。

三是寄递物流体系的建设不够完善。物流系统是现代经济体系中不可或缺的一部分，尤其是对农产品的流通至关重要。江西省农村地区的寄递物流体系尚未形成有效覆盖，这不仅增加了农产品的流通成本，也延长了农产品从田间地头到消费者手中的时间，影响了农产品的新鲜度和销售价格。

四是村民参与基础设施管护意识不强。许多村民对于参与基础设施的管护缺乏足够的认识和兴趣，影响了基础设施的有效运行和维护，也限制了农村的现代化发展和农民参与村庄管理的积极性。

（二）农村公共服务有待提升

当前，江西省农村公共服务水平与城市公共服务水平相比还存在较大差距，面临供给不足和质量提升的双重挑战。首先，政府部门需提升对农村公共服务的认知程度。地方政府在规划和实施公共服务项目时，容易忽视农民的实际需求和意愿，设立不切实际的硬指标，导致资源的大量浪费和供给效率的低下。其次，江西省农村公共服务供给过度依赖政府投入，忽视了社会组织和市场的作用，导致服务供给不足。在农村人口众多、村庄基数大的情况下，每个村庄的平均投入有限。由于农村公共服务项目往往盈利少、投入大、周期长，私营部门和社会组织在公共服务建设中参与度不高，进一步加剧公共服务供给的不足。最后，农民在服务建设过程中的参与度不足，影响了服务的有效性和精准度。又因缺乏有效的沟通平台和决策透明度，农民在公共服务供给决策中的主体地位未能充分彰显。这不仅导致了公共服务项目无法准确满足农民的实际需求，还削弱了农民对自身权益的认知和维护，影响了公共服务效果。与此同时，农村教育、医疗、网络和公共文化服务与城市相比相对滞后，需要进一步加强。

（三）农村人居环境整治有待进一步改善

江西省在农村人居环境整治方面仍面临诸多挑战和不足，农村人居环境整治水平有待进一步提升。首先，农村地区在生活垃圾与生活污水处理方面存在明显短板。大部分农村地区仍依赖垃圾填埋，垃圾分类和垃圾无害化处理进展缓慢，资源利用效率低。同时，农村居民分散居住导致铺设污水管网成本高，许多村庄因资金限制未能建立集中处理设施，农村地区的污水治理率和处理设施的覆盖率较低。其次，环境管护机制不完善，治理效果难以表现出持续性和稳定性。有效的管理和维护体系是保持环境治理成效的关键，缺乏这样的体系会导致整治工作难以形成持久效应。同时，不健全的管护机制还可能导致资源的浪费，因为没有持续的维护，之前的投入可能很快就会失去效果。最后，目前乡村人居环境整治和美丽乡村建设主要由党委政府主导，村民的主动参与度较低。村民环保意识不足，缺乏积极参与环境管护的意愿，部分地区的村民甚至将参与公共事务视为帮助政府，要求有相应的补贴才愿意参与。

（四）乡村治理需实现新突破

江西省乡村治理现代化已经取得了显著进展，然而在乡村"空壳化、空巢化、空心化、老龄化"的新背景下，乡村治理仍面临一些突出问题。

一是基层党组织建设亟待加强。村级单位事务繁杂、工资待遇低，往往无法吸引和留住高素质人才，导致人才短缺成为当前农村集体单位的普遍问题。由于资金短缺，一些村庄的"两委"班子面临无法有效运作的困境。

二是乡村治理缺乏村民的有效参与。村民在乡村治理中的参与度不足，特别是青壮年劳动力，他们在城乡之间徘徊，缺乏对乡村治理的了解和参与意愿。此外，传统的观念使村民不愿意参与乡村治理，村民自治组织往往只是形式上的存在，缺乏实质性的参与和投入。

三是法治建设在乡村相对薄弱，群众法律意识不足，乡镇干部的法治意识和执法能力有待提升。在民主议事过程中，村民的参与度和决策透明度需改善。

四是数字赋能乡村治理需提升，目前乡村数字基础设施覆盖不全面，信息化管理平台不完善，数据资源分散，乡村治理的精细化和精准化难以实现。

（五）农村优秀传统文化传承面临挑战

近年来，江西省在农村优秀传统文化的传承发展面临多重挑战。

一是文化遗产的有效保护尚显不足。由于基层组织人员对乡土文化的忽视，加之宣传手段落后，许多珍贵的乡土文化和传统技艺被遗忘，传统建筑也日渐消失。

二是乡村文化特色仍待深入挖掘。目前，江西省大多乡村的文化特点展现不足，文化内容碎片化，缺乏整合。在文化旅游开发中，存在过度简化和雷同化的趋势，旅游项目的品质和定位普遍一般，游客的参与感、互动感和体验感不足，影响了乡村旅游的可持续发展。

三是陈规陋习仍然存在。这些问题导致投入大量资金的基础设施未能充分发挥其应有的作用，有的设施甚至被废弃。

（六）县域城乡融合发展存在壁垒

江西省在推动城乡融合发展方面主要面临以下问题。首先，乡村产业发展体系较为薄弱。乡村产业体系和生产体系规模较小，生产设备落后，科技支持力度不足，农业生产效率低下。城乡产业交流不通畅。乡村产业结构单一，与城镇服务业、制造业脱节，生产与消费流通渠道不畅，乡村产品销路受限。其次，城乡要素流动不畅。乡村的人才、资金等关键生产要素流出量大于流入量。乡村劳动力及知识型人才大量流入城镇，乡村人口素质及劳动力大幅下降，乡村发展后劲不足。农村资金的多元化投入机制亟须加强，目前江西省财政涉农资金投入不足，整合程度不够，存在多头下达和撒胡椒面式的问题，工商资本和社会资本进入农村的途径也不畅通。最后，扎实推进共同富裕方面仍有挑战。当前，农民增速的动能正在减弱，城乡居民收入差距仍有很大改善空间。江西省许多地方乡村建设重心过于放在村庄整治建设上，而在盘活资源、带动村民增收上重视度不够，将"农村美"转化为"农民增收"仍需进一步努力。

三　推进江西省宜居宜业和美乡村建设的对策建议

实现农业农村现代化是建设农业强国的内在要求和必要条件，建设宜居宜业和美乡村是农业强国的应有之义。宜居宜业和美乡村的概念涵盖了广泛而深刻的内涵，其核心组成部分并不是孤立或相互分离的。相反，它们构成了一个互相依存、相互促进的有机整体。这一概念的丰富内涵已经扩展到了环境、产业、风貌、文化、治理等多个方面。因此，需要从一个全面的视角出发，进行整体规划和系统性推进。聚焦"走在前、勇争先、善作为"的目标要求，江西省可以深入学习运用浙江"千万工程"经验，发挥乡村建设纽带作用，从以下六个方面着手加快建设宜居宜业和美乡村。

（一）加快补齐农村基础设施短板弱项

江西省需要重点加强农村信息基础设施建设。优先考虑加大农村地区，尤其是偏远地区的网络基础设施的投资力度，解决农村 5G 网络覆盖不全和数据传输效率低下的问题。同时，应发展符合农村特色的信息技术产品，加速基础设施的数字化改造。推广数字技术培训，提升村民的信息技术应用水平，使他们能更有效地利用网络资源，提升农业生产效率和市场竞争力。此外，改善农村商业网点的布局和规模。根据农村地区的人口分布和经济活动特点，合理安排商业网点的分布和规模。支持多功能商业服务中心建设，推广电子商务和新型物流模式。加强寄递物流体系建设，降低农产品流通成本，提供便捷销售渠道，促进网络购物在农村的广泛普及。不断增强村民参与管护的意识。创新农村公共基础设施专业化、社会化运行管护机制。通过教育和宣传，增强村民对基础设施维护重要性的认识。建立村民参与机制，鼓励村民参与基础设施的建设和维护。

（二）助推农村公共服务能力持续提升

一是提升政府部门的认知程度。通过增设农村公共服务研究和培训部门，建立政府与农民之间的有效沟通机制，加强政府部门对农村公共服务需求的理解和认知，制定更加贴合实际的公共服务策略。

二是促进政府、社会组织和市场的协同。政府应发挥引导作用，通过政策激励、税收优惠等方式鼓励和支持私营部门和社会组织参与公共服务的提供，而不是完全依赖政府投入。同时，应当积极探索公私合营模式，吸引更多的社会资本投入农村公共服务领域。

三是加强农民在公共服务建设中的参与。可以通过设立农民委员会、开展定期的村民大会和意见调查等方式，建立有效的沟通和反馈机制，确保农民在公共服务供给决策中的主体地位，确保农民的需求和意见能够被充分听取，并在公共服务的规划和实施中得到反映。

四是增加乡村公共服务供给。探索创新城乡一体的公共服务优先资金投入机制，加快城乡在教育、医疗、卫生、社会保障及文化体育等方面公共服务水平的均等化进程，建立富有江西省本土特色的乡村公共服务系统。

（三）持续推进环境整治和生态治理

一是加强农村垃圾的防治与处理，提升农村污水处理能力。因地制宜推广更环保的垃圾分类和资源回收技术，探索适宜农村的低成本、生态友好的垃圾处理方法。提升污水处理能力，适应农村居民分散居住特点，使用小型污水处理设施，并推动生活污水和厕所粪便的一体化处理。

二是建立有效的环境管理和维护体系，确保治理成果持久。建议设立专门的环境管理团队，负责监督和维护已经整治的区域，防止环境退化问题再次出现。同时，应加大对环境治理项目的投入力度，确保资源的有效利用。

三是提升村民生态环境意识，促进村民参与环境治理，建立自治和参与机制。通过举办培训班、宣传活动等方式，加强对农村居民的环保教育。通过付费服务、互助服务、资源换服务、资源互换、奖励积分等多种方式，引导农户养成分类处置和循环利用的习惯。增强村民在乡村人居环境整治中的主体作用，建立村民自治和参与的实施机制。

四是开展绿化和美化活动，提升村庄美感和生活质量。以清洁环境、美化村容、提高村庄的整体美感为目标，积极进行环境卫生整治和绿化美化工作，提升农村居住环境和居民的生活质量。

（四）着力提升乡村治理效能

一是加强基层党组织建设。全面强化党对农村工作的领导，确保党的政策在农村得到贯彻执行。加强村"两委"班子建设，选拔有能力的党员担任关键职务，改善弱势村党组织，提升基层组织力和领导力。村党组织需引导村民委员会等，确保统一领导。通过引入高学历、有经验人士至村级任职，提高干部素质。加强区域间合作，促进资源共享和经验交流。重视基层干部待遇和工作环境，以留住人才。

二是促进村民有效参与乡村治理。建议通过组织培训班、讲座等形式，使村民更深入地了解乡村治理的相关知识，增强村民的主体意识和集体认同感。通过村民大会、民主议事会等途径，让更多的村民直接参与到乡村治理的决策和执行中，保证民主议事过程的透明度和村民广泛参与，确保村民自治组织真正发挥效用。

三是提升乡村法治水平。增强村民法律意识，提升干部执法能力，实施法治乡村治理。开展法律教育，设立法律服务中心，提供咨询和援助。

四是增强数字技术核心的乡村治理能力。提升治理数字化水平，增强村民数字技能。强化政府与数字化治理配套服务，提升乡村宜居性和社会和谐。

（五）传承发展优秀传统文化

一是持续培育文明乡风。通过新时代文明实践平台，开展传播思想和道德活动。广泛推广"立家规、传家训、树家风"活动，引导农民养成良好的生活方式，改变陈旧习俗，推动乡风文明建设。

二是培育多元化乡风文明建设主体。为年轻人提供创业就业机会，吸引年轻人返乡。通过民主选举让文化水平较高的年轻人加入基层组织，提高年轻农村居民参与建设乡村的热情。

三是推进乡村文化建设。挖掘乡土文化价值，保护传统村落古建筑，发展农文旅融合业态，利用传统节日开展文化活动，推动文化资源共享。利用互联网平台传播乡村文化，推进公共文化建设。

四是加强思想道德建设，提升农民素质。通过宣传海报、文化长廊等加强思想道德建设。开展评选表彰活动，树立先进典型，引导农民向上向善。组织文化宣讲，采用农民喜闻乐见的方式，增强宣讲效果。

五是推进农村文化基础设施建设。加大对公共文化服务的投入力度，整合公共文化设施资源，支持建设文化礼堂、文化广场，鼓励农民组织文化体育活动。利用村里的文化广场开展健身活动，为孩子和老人提供学习和娱乐的场所。

（六）以县域为基本单元持续推进城乡融合发展

在推动江西省城乡融合发展的过程中，面对乡村产业体系薄弱、城乡要素流动不畅及共同富裕推进中的挑战，需要采取综合性策略以实现均衡和可持续发展。

一是加强乡村产业体系建设。利用江西省的自然和文化资源，发展绿色有机农业、数字农业、智慧农业和特色旅游。通过"三链"融合，提升农业质量和竞争力。整合产业链，建立绿色有机农产品示范基地、现代农业产业园；发展农产品加工业，打造品牌；优化供应链，提高市场效率。同时，发展乡村旅游，丰富业态，吸引投资，打造特色品牌。

二是促进城乡要素流动。改善交通和通信基础设施，制定优化政策以促进资源优化配置。加速农村金融改革，推广新型金融服务，设立涉农贷款风险补偿基金。畅通人才下乡渠道，吸引返乡人才，建设特色创业创新园区。

三是推动共同富裕。发展多元化农村经济，为农民提供就业机会。加强农民培训，提升生产经营能力。深化土地改革，探索新型经营模式，提高土地附加值。扩大农产品销售，降低成本，通过"直播带货"等方式增加收入。通过乡村建设，增加农民的财产性收入。

杜志雄，农学博士，二级研究员，博士生导师，享受国务院特殊津贴专家，第十四届全国政协委员。现任中国社会科学院农村发展研究所党委书记，国家社科基金重大宣传阐释项目首席专家。兼任农业农村部农村社会事业专家委员会委员、第四届国家食物与营养咨询委员会委员、中国农业经济学会副会长、中国农村发展学会副会长和中国县镇经济交流促进会会长，等。获得文化名家暨"四个一批"人才及国家"万人计划"哲学社会科学领军人才称号。近年主要从事中国农业农村现代化理论与政策问题研究。科研成果先后获得中国社会科学院及国家相关部委奖励。

芦千文，中国社会科学院农村发展研究所副研究员，主要研究领域为农村组织与制度、农业农村服务业，在《中国农村经济》《农业经济问题》《经济日报》等刊发论文多篇，基于调查研究的多项研究报告获得中央领导批示并转化为惠农政策。

张宜红，江西省社会科学院农业农村发展研究所所长、研究员，主要从事农业农村发展理论与政策研究。江西省宣传思想文化领域"四个一批"人才，中共江西省委办公厅信息决策咨询专家。主编著作3部，发表论文和理论文章20余篇。主持完成国家社科基金青年项目1项和省社科基金重大、重点、一般项目3

项。研究报告80余篇，获省领导批示60余篇，其中2篇获中央领导批示，获省社科优秀成果二等奖、三等奖各3次。